Spanish for Beginners

Learn the Basics of the Spanish Language in 7 Days with practical and powerful exercises

Fernando Salcedo

© **Copyright 2022 - All rights reserved.**

The content contained within this book may not be reproduced, duplicated, or transmitted without direct written permission from the author or the publisher.

Under no circumstances will any blame or legal responsibility be held against the publisher, or author, for any damages, reparation, or monetary loss due to the information contained within this book, either directly or indirectly.

Legal Notice:

This book is copyright protected. It is only for personal use. You cannot amend, distribute, sell, use, quote, or paraphrase any part, or the content within this book, without the consent of the author or publisher.

Disclaimer Notice:

Please note the information contained within this document is for educational and entertainment purposes only. All effort has been executed to present accurate, up-to-date, reliable, complete information. No warranties of any kind are declared or implied. Readers acknowledge that the author is not engaging in the rendering of legal, financial, medical, or professional advice. The content within this book has been derived from various sources. Please consult a licensed professional before attempting any techniques outlined in this book.

By reading this document, the reader agrees that under no circumstances is the author responsible for any losses, direct or indirect, that are incurred as a result of the use of information contained within this document, including, but not limited to, errors, omissions, or inaccuracies.

Contents

Introduction	v
1. Letters & Numbers	1
2. Days of the Week, Months, Seasons & Temporal Expression	14
3. Vocabulary	27
4. Most Common Expressions	68
5. How to Ask Questions in Spanish?	98
6. Sentence Structure	108
7. Nouns & Possessive Pronouns	111
8. Adjectives	122
9. Conjugating Verbs	130
Afterword	229

Introduction

Learning Spanish is a lot of fun, especially if the student has great interest in it. This language is becoming more and more wide spoken on a global basis. Sentence structures vary according to the temporal tense that is used. The Spanish language has more verb tenses than its English counterpart, but unlike the latter, Spanish pronunciation is pretty straight forward, which is great for beginners.

Although many words in Spanish are similar to those of English, French and other Indo-European languages, it is important to know that their pronunciation is different. In 99% of the cases, the words are pronounced as written, with a few minor exceptions, such as words that contain double letter of 'L'.

Likewise, there are exclamation marks, question marks,

accents, and others that complement and give meaning to the sentences.

Question marks are used doubly; at the beginning and at the end.

In this book we will arm you with the tools and knowledge to learn this beautiful language.

Chapter 1

Letters & Numbers

The alphabet is the same as English, albeit its pronunciation. Let's see.

Letters Pronunciation

A: Ah
B: Beh
C: Seh
D: Deh
E: Eh
F: Eh-feh
G: Heh
H: Ah-cheh
I: Ee
J: Hoh-tah

K: Kah
L: Eh-leh
M: Eh-meh
N: Eh-neh
Ñ: Ehn-neh
O: Oh
P: Peh
Q: Coo
R: Eh-reh
S: Eh-seh
T: The
U: Oo
V: Veh
W: Doh-bleh veh
X: Eh-kees
Y: Yeh
Z: She-tah

Let's Practice -Vamos a Practicar

Spell your name how you would pronounce it in Spanish _____

Spell your last name how you would pronounce it in Spanish _____

Numbers

The numbers in Spanish are the same as in English, but they are spelled differently.

1: Uno
2: Dos
3: Tres
4: Cuatro
5: Cinco
6: Seis
7: Siete
8: Ocho
9: Nueve
10: Diez
11: Once
12: Doce
13: Trece
14: Catorce
15: Quince
16: Dieciséis
17: Diecisiete
18: Dieciocho
19: Diecinueve
20: Veinte
21: Veintiuno
22: Veintidós
23: Veintitrés

24: Veinticuatro
25: Veinticinco
26: Veintiséis
27: Veintisiete
28: Veintiocho
29: Veintinueve
30: Treinta

Once you've passed the number 'treinta', you'll notice, that the word count for most numbers has increased from one to three words.

Observe:

31: Treinta Y Uno
32: Treinta Y Dos
33: Treinta Y Tres
34: Treinta Y Cuatro
35: Treinta Y Cinco
36: Treinta Y Seis
37: Treinta Y Siete
38: Treinta Y Ocho
39: Treinta Y Nueve
40: Cuarenta
41: Cuarenta Y Uno
42: Cuarenta Y Dos
43: Cuarenta Y Tres
44: Cuarenta Y Cuatro

45: Cuarenta Y Cinco
46: Cuarenta Y Seis
47: Cuarenta Y Siete
48: Cuarenta Y Ocho
49: Cuarenta Y Nueve
50: Cincuenta
51: Cincuenta Y Uno
52: Cincuenta Y Dos
53: Cincuenta Y Tres
54: Cincuenta Y Cuatro
55: Cincuenta Y Cinco
56: Cincuenta Y Seis
57: Cincuenta Y Siete
58: Cincuenta Y Ocho
59: Cincuenta Y Nueve
60: Sesenta
61: Sesenta Y Uno
62: Sesenta Y Dos
63: Sesenta Y Tres
64: Sesenta Y Cuatro
65: Sesenta Y Cinco
66: Sesenta Y Seis
67: Sesenta Y Siete
68: Sesenta Y Ocho
69: Sesenta Y Nueve
70: Setenta
71: Setenta Y Uno

72: Setenta Y Dos
73: Setenta Y Tres
74: Setenta Y Cuatro
75: Setenta Y Cinco
76: Setenta Y Seis
77: Setenta Y Siete
78: Setenta Y Ocho
79: Setenta Y Nueve
80: Ochenta
81: Ochenta Y Uno
82: Ochenta Y Dos
83: Ochenta Y Tres
84: Ochenta Y Cuatro
85: Ochenta Y Cinco
86: Ochenta Y Seis
87: Ochenta Y Siete
88: Ochenta Y Ocho
89: Ochenta Y Nueve
90: Noventa
91: Noventa Y Uno
92: Noventa Y Dos
93: Noventa Y Tres
94: Noventa Y Cuatro
95: Noventa Y Cinco
96: Noventa Y Seis
97: Noventa Y Siete
98: Noventa Y Ocho

99: Noventa Y Nueve
100: Cien
200: Doscientos
300: Trescientos
400: Cuatrocientos
500: Quinientos
600: Seiscientos
700: Setecientos
800: Ochocientos
900: Novecientos
1000: Mil
10000: Diez Mil
100000: Cien Mil
1000000: Un Millón

Let's Practice -Vamos a Practicar

Read the sentences and underline the cardinal numbers.

Camila ganó cinco medallas en la competencia/ Camila won five medals in the competition

Susan escribe diez historias cada día/ Susan writes ten stories every day

Mari canta dos canciones cada semana/ Mari sings two songs

every week

Benjamín lee cuatro libros al mes/ Benjamin reads four books a month

Beatriz compra dos nuevos pares de zapatos cada semana/ Beatriz buys two new pairs of shoes every week.

Juan compra un carro al año/ Juan buys a car a year

Luisa viaja tres veces al año de vacaciones/ Luisa travels three times a year on vacation

Daniel entregó dos artículos a sus profesores/ Daniel delivered two papers to his teachers

Luis escribió siete libros la semana pasada/ Luis wrote seven books last week

Gabriel toma nueve vasos de agua al día/ Gabriel drinks nine glasses of water a day

Liliana limpia su casa dos veces al día/ Liliana cleans her house twice a day

Tu papá tiene cuatro carros/ Your father has four cars

Spanish for Beginners

Beatriz quiere seis perritos/ Beatriz wants six puppies

Nancy tiene ocho camisas / Nancy has eight shirts.

Carlos quiere diez cuadernos nuevos / Carlos wants ten new notebooks

Miguel necesita veinte nuevos abrigos/ Miguel needs twenty new coats

Carolina lava treinta platos al día/ Carolina washes thirty dishes a day

Daniel habla nueve idiomas/ Daniel speaks nine languages

Karla tiene dieciocho blusas/ Karla has eighteen blouses

Sofía practica deportes doce veces a la semana/ Sofia practices sport twelve times a week

Viviana usa sus creyones siete veces al día / Viviana uses her crayons seven times a day

Gabriela baña a su mascota tres veces por semana / Gabriela bathes her pet three times a week

Fernando Salcedo

La abuela tiene cuatro pares de gafas/ Grandma has four pairs of glasses.

Mari ha visitado Europa quince veces/ Mari has visited Europe fifteen times

Benjamín tiene dos computadoras/ Benjamin has two computers

Manuel tiene diecinueve vasos / Manuel has nineteen glasses
Luisa preparó sesenta regalos para sus invitados/ Luisa prepared sixty gifts for her guests

Manuel trabaja cuatro veces a la semana/ Manuel works four times a week

Gabriel tiene noventa marcadores/ Gabriel has ninety markers

Juan hace cinco tareas al día/ Juan does five homeworks a day

Tu país tiene treinta y tres estados/ Your country has thirty-three states

En el parque hay cuarenta y cinco árboles/ There are forty-five trees in the park

Carla tiene cuarenta y siete años/ Carla is forty-seven years old.

El año pasado visitaste las principales ciudades catorce veces/ Last year you visited the main cities fourteen times

Nancy dice que le gustan trece modelos de teléfonos/ Nancy says she likes thirteen phone models

La mesa tiene ocho sillas/ The table has eight chairs

En la casa de Julia hay treinta y siete pinturas/ In Julia's house there are thirty-seven paintings

La mamá de Andrés tiene treinta y ocho pares de zapatos / Andrés's mother has thirty-eight pairs of shoes.

Ana quiere comprar sesenta y cuatro calcomanías / Ana wants to buy sixty-four stickers.

Let's study ordinal numbers

Ordinal numbers are those that identify objects, people, or any element in relation to their location, position or place within an event.

1º Primero
2º Segundo

3º Tercero
4º Cuarto
5º Quinto
6º Sexto
7º Séptimo
8º Octavo
9º Noveno
10º Décimo
11º Décimo Primero/Undécimo
12º Décimo Segundo/Duodécimo
13º Décimo Tercero
14º Décimo Cuarto
15º Décimo Quinto
16º Décimo Sexto
17º Décimo Séptimo
18º Décimo Octavo
19º Décimo Noveno
20º Vigésimo
30º Trigésimo
40º Cuadragésimo
50º Quincuagésimo
60º Sexagésimo
70º Septuagésimo
80º Octogésimo
90º Nonagésimo
100º Centésimo

Let's Practice -Vamos a Practicar

Practice: Complete the sentences with an ordinal number.

Mari es la _____ estudiante de su clase / Mari is the _____ student in her class

Es la _____ vez que Claudia practica deportes / It is the _____ time that Claudia plays sports.

Esta clase es la _____ del día / This class is the _____ of the day.

¿Por qué cuentas el cuento al niño por _____vez? /

Why do you tell the story to the child for _____time?

Note: Ordinal numbers can also be considered adjectives and have a feminine or masculine version based on the subject of the sentence.

Chapter 2

Days of the Week, Months, Seasons & Temporal Expression

When mentioning a specific day of the week, the correct way is to say "el+day of the week". If you are referring to several days, the correct way is "los+days of the week (in plural)". What are the days of the week? / ¿Cuáles son los días de la semana?

Days of the week/ Días de la semana

- Lunes / Monday
- Martes / Tuesday
- Miércoles / Wednesday
- Jueves / Thrusday
- Viernes / Friday
- Sábado / Saturday

- Domingo / Sunday

Let's Practice -Vamos a Practicar

Complete the sentences with a day of the week.

Carlos va a la escuela los_____
Carlos goes to school on_____

Los niños visitan a sus abuelos el_____
The kids visit their grandparents on_____

Carlos practica deportes los_____
Carlos practices sports on_____

Mis días favoritos son_____
My favorite days are_____

Verónica va a la escuela los_____
Veronica goes to school on_____

Beatriz y Laura van de paseo los_____
Beatriz and Laura go for a walk on_____

La profesora dicta la materia el_____

The teacher dictates the subject on _____

David come en el restaurant los_____
David eats at the restaurant on_____

_____, _____, y _____son los primeros tres días de la semana.
_____, _____ and _____ are the first three days of the week.

¿Cuántos días tiene la semana?
_____
How many days does the week have?
_____

Let's Practice -Vamos a Practicar

Read the story and underline the days of the week.

Silvia y sus amigas Liliana y Patricia están muy contentas planificando ir de paseo, pero aún no deciden si ir al concierto de sus cantantes favoritos o al cine.

Liliana: Hola amigas, ¿prefieren ir al cine a ver una película, o al concierto?

Patricia: Yo prefiero ir al concierto. Solo van a cantar este viernes y sábado.

Silvia: Es cierto, y debemos comprar las entradas pronto. Aunque dicen que probablemente abrirán otra función extra el domingo.

Liliana: Sí, compremos las entradas pronto.

Patricia: Yo sugiero que también planifiquemos el día en que vamos al cine. Pude ser el próximo martes. Para mí es importante la planificación. Tengo que estudiar mucho.

Silvia: Sí, te entendemos Patricia.

Liliana: De acuerdo amigas. Compremos todas las entradas y disfrutemos de nuestros paseos.

Translation:

Silvia wants to go to the movies with her friends.

Silvia and her friends, Liliana and Patricia, are very happily planning to go for a walk, but they still haven't decided whether to go to the concert of their favorite singers or to the movies.

Liliana: Hello friends, do you prefer to go to the cinema to see a movie, or to the concert?

Patricia: I prefer to go to the concert. They will only sing this Friday and Saturday.

Silvia: It's true, and we should buy the tickets soon. Although they say that they will probably open another extra function on Sunday.

Liliana: Yes, let's buy the tickets soon.

Patricia: I suggest that we also plan the day we go to the

movies. It could be next Tuesday. Planning is important to me. I have to study a lot.

Silvia: Yes, we understand you, Patricia.

Liliana: Okay friends. Let's buy all the tickets and enjoy our rides.

Months of the Year

Los meses del año en español son los siguientes:

- Enero/ January
- Febrero / February
- Marzo / March
- Abril / April
- Mayo / May
- Junio / June
- Julio / July
- Agosto / August
- Septiembre / September
- Octubre / October
- Noviembre / November
- Diciembre / December

For Example- Por Ejemplo

Mi cumpleaños es en Abril/ My birthday is in April

Nancy trabaja todo el año, excepto en Septiembre/
Nancy works all year, except in September

La familia de Santiago va de vacaciones en Agosto / Santiago's family goes on vacation in August

Susana y sus amigos trabajan mucho en Febrero / Susana and her friends work a lot in February

Carlos enseña idiomas en Enero / Carlos teaches languages in January

Las hermanas de Sofía comen frutas cultivadas en Marzo / Sofia's sisters eat fruits grown in March

Las flores más bonitas son las que crecen en Agosto / The very pretty flowers are what grow in August.

Mariela sube la montaña todo el año, excepto en Mayo / Mariela climbs the mountain all year round, except in May.

Carolina no asiste a clases en Agosto/ Carolina does not attend classes in August

Gabriel visita a sus amigos en Marzo/ Gabriel visits his friends in March

Cindy compra bonitos abrigos en enero/ Cindy buys nice coats in January

Joseph viaja a Europa en Febrero/ Joseph travels to Europe in February

David enseña idiomas a los niños en Septiembre/ David teaches languages to children in September

Claudia practica deportes en Julio/ Claudia practices sports in July

Mari limpia el techo de su casa en Junio/ Mari cleans the roof of her house in June.

Es bonito celebrar con la familia las navidades en Diciembre/ It's nice to celebrate Christmases with the family in December

Las tiendas decoran sus vidrieras en Febrero/ Shops decorate their windows in February

En tu país hace mucho frío en Diciembre/ In your country, it is very cold in December

Los niños quieren ir de viaje en Julio / The children want to go on a trip in July

Mariana quiere tomar clases de canto en Octubre / Mariana wants to take singing classes in October

Luis y Susy van de campamento en Noviembre / Luis and Susy go camping in November

Las playas de mi país son más bonitas en Julio / The beaches of my country are more beautiful in July

Marisela se quiere mudar en Junio / Marisela wants to move in June

Seasons

Depending on the location of each country, there are the four seasons of the year.

- Verano/ Summer
- Otoño / Fall
- Invierno / Winter
- Primavera / Spring

For Example- Por Ejemplo

En verano las personas visitan las playas y muchos lugares turísticos / In summer people visit the beaches and many tourists' places

En invierno las personas practican deportes propios de esta estación, como el esquí / In winter people practice sports typical of this season, such as skiing

En primavera las personas visitan muchos parques y lugares hermosos / In spring people visit the many parks and beautiful places

En otoño las personas llevan a sus niños y familiares de paseo a lugares encantadores / In autumn people take their children and family for walks to charming places

Let's Practice -Vamos a Practicar

¿Cuál es tu estación del año favorita? / What is your favorite season of the year?

Mi estación del año favorita es_____ / My favorite season of the year is _____

¿Cuál es la estación del año favorita de Susan? / What is Susan's favorite season of the year?
La estación favorita del año de Susan es_____ / Susan's favorite season of the year is_____

¿En qué estación del año vas a la playa? / In what season of the year do you go to the beach?

Yo voy a la playa en _____ / I go to the beach in _____

Temporal Expressions

- Hoy / Today
- En La Mañana / In the Morning
- A Mediodía / At Noon
- En La Tarde / In the Afternoon
- En La Noche / In the Evening/At Night
- Para El Día Siguiente / For the Next Day
- Mañana Tomorrow
- Pasado Mañana / The Day After Tomorrow
- Para La Misma Semana / For the Same Week
- Esta Semana / This Week
- Para La Semana Siguiente/ For the Next Week
- La Semana Que Viene / For the Next Week
- La Semana Pasada / For the Last Week
- Dentro Una Semana / A Week from Now
- Ayer / Yesterday
- Antier / The Day Before Yesterday
- Hace (Tres) Días / Three Days Ago
- Este Mes / This Month
- El Mes Pasado / Last Month

- El Mes Que Viene / Next Month
- Este Año / This Year
- El Año Pasado / Last Year
- El Año Que Viene / Next Year

Let's Practice -Vamos a Practicar

Read the story and identify the time expressions.

La familia de Diana está en una agencia de viajes consultando acerca de las diferentes fechas para irse de vacaciones y las posibles ciudades a visitar.

Diana: mamá, ¿para qué fecha estás solicitando el paquete turístico?

Brenda (mamá de Diana): Diana, tu papá dice que para la semana que viene, ¿tú y tus hermanos están de acuerdo?

Diana: Sí, para la semana que viene está muy bien. Mis clases en la escuela comienzan dentro de un mes.

Brenda: Muy bien, solo debemos seleccionar el país o la ciudad a la que toda la familia quiere ir.

Diana: Sí, mamá. Déjame llamar a Juan y a Luis. Quisiera preguntarles porque Juan quería ir a la playa, y Luis a la montaña.

Brenda: Muy bien, Diana. Voy a esperar aquí.

Diana: Hola, Luis, ¿cómo estás? Mi mamá y yo queremos

preguntarles a ti y a Juan acerca de su destino favorito para irnos de vacaciones.

Luis: Sí, hola Diana. Estoy bien, ¿y tú? ¿Para qué fecha quieren planear el viaje?

Diana: Mamá dice que para la semana que viene.

Luis: Bueno, en realidad, yo prefiero para el mes que viene, porque la semana pasada mis jefes me pidieron completar muchas tareas en el trabajo.

Diana: Bueno, Luis, le comentaré a mamá.

Luis: Gracias, Diana.

Diana: A tu orden.

Brenda: ¿Qué te dijo Luis, Diana?

Diana: Dice que no puede.

Brenda: Bueno, no te preocupes. No llames a Juan. Vamos a casa y hablamos en familia. Luego vendremos de nuevo a comprar el tour.

Translation:

Diana's family is in a travel agency consulting about the different dates to go on vacation and the possible cities to visit.

Diana: Mom, for what date are you requesting the tour package?

Brenda (Diana's mother): Diana, your father says that for next week. Do you and your brothers agree?

Diana: Yes, for next week it will be very good. My classes at school start in a month.

Brenda: Okay, we just have to select the country or city where the whole family wants to go.

Diana: Yes, Mom. Let me call Juan and Luis.

Brenda: Very good, Diana. I will wait here.

Diana: Hi Luis, how are you? My mom and I want to ask you and Juan about your favorite vacation destination.

Luis: Yes, hi Diana. I'm good and you? For what date do you want to plan the trip?

Diana: Mom says for next week.

Luis: Well, actually, I prefer next month, because last week my bosses asked me to complete a lot of tasks at work.

Diana: Okay, Luis, I'll tell mom.

Luis: Thank you, Diana.

Diana: You are welcome.

Brenda: What did Luis tell you, Diana?

Diana: He says he can't.

Brenda: Okay, don't worry. Don't call Juan. We go home and talk as a family. Then we will come again to buy the tour.

Chapter 3
Vocabulary

Parts of the Body

Las partes del cuerpo en español son:

- Cabeza/ Head
- Cabello/ Hair
- Cara / Face
- Orejas / Ears
- Nariz / Nose
- Ojos / Eyes
- Cejas / Eyebrows
- Boca / Mouth
- Cuello / Neck
- Hombros / Shoulders
- Pecho/ Chest

- Espalda / Back

Extremidades: Extremities:

- Brazos / Arms
- Manos / Hands
- Dedos (De Las Manos) / Fingers
- Uñas / Nails
- Piernas / Legs
- Rodillas / Knees
- Pies / Feet
- Tobillos / Ankles
- Dedos (De Los Pies) / Toes
- Uñas / Nails

Let's Practice -Vamos a Practicar

Read the story and underline the words that relate to parts of the body.

Sara visita a su abuelita Rosa en su nueva casa. Le lleva muchos regalos porque es navidad.

Sara: Hola abuelita Rosa, ¿cómo estás?

Abuelita Rosa: Hola Sarita. Bien, ¿y tú?

Sara: Abuelita, vine a traerte estos lindos regalos y para saber cómo estás, porque sé que fuiste al médico ¿Qué te dijo?

Abuelita Rosa: Oh, sí. Bueno, fui al médico porque me dolían las rodillas.

Sara: ¿Solamente? Oh, me alegro, abuelita.

Abuelita Rosa: No, Sarita. También le respondí al médico cada pregunta que me hizo. Le dije que me dolían las rodillas, la cabeza y una uña del pie.

Sara: ¡Oh, abuelita! Lo siento mucho.

Abuelita Rosa: No te preocupes, Sarita. Es normal que a esta edad suceda todo eso.

Sara: Bueno, por lo menos no te duele la cabeza, ¿verdad?

Abuelita Rosa: No, afortunadamente no me duele la cabeza.

Sara: ¡Qué bueno, abuelita! Eso me hace muy feliz.

Abuelita Rosa: Gracias, Sarita. Eres muy buena nieta.

Sara: Sí, abuelita. Me gusta venir a visitarte, y me gusta mucho también traerte muchos regalos.

Abuelita Rosa: Oh, quiero ver qué me trajiste.

Sara: Sí, te traje dulces, un abrigo muy bonito y accesorios.

Abuelita Rosa: Muchas gracias, Sarita.

Sara: También te traje unas medicinas para el dolor de espalda. Sé que a veces te duele mucho.

Abuelita Rosa: Eres la mejor nieta, Sarita.

. . .

Translation:

Sara visits her grandmother Rosa in her new house. He brings her many presents, because it's Christmas.

Sara: Hello granny Rosa, how are you?

Granny Rosa: Hello Sarita. Good, and you?

Sara: Granny, I came to bring you these nice gifts and to know how you are, because I know you went to the doctor. What did he tell you?

Granny Rose: Oh yeah. Well, I went to the doctor, because my knees hurt.

Sarah: Only? Oh, I'm glad, granny.

Granny Rosa: No, Sarita. I also answered every question the doctor asked me. I told him that my knees, my head and a toenail hurt.

Sarah: Oh, granny! I am so sorry.

Granny Rosa: Don't worry, Sarita. It is normal for this to happen at this age.

Sara: Well, at least you don't have a headache, right?

Granny Rosa: No, fortunately I don't have a headache.

Sara: That's great, granny! That makes me very happy.

Granny Rosa: Thank you, Sarita. You are a very good granddaughter.

Sarah: Yes, granny. I like to come to visit you, and I also very much like to bring you many gifts.

Grandma Rosa: Oh, I want to see what you brought me.

Sara: Yes, I brought you sweets, a very nice coat, and accessories.

Granny Rosa: Thank you very much, Sarita.

Sara: I also brought you some medicine for your back pain. I know sometimes it hurts a lot.

Granny Rosa: You are the best.

Kitchen appliances

- Ollas / Pans
- Sartenes / Frying Pans
- Cubiertos / Silverware
- Vajilla / Crockery
- Platos / Plates
- Paños De Cocina / Kitchen Towels
- Gabinetes / Cabinets

Food in the Kitchen

- Aceite / Oil
- Azúcar / Sugar
- Sal / Salt
- Arroz / Rice
- Pasta / Pasta
- Leche / Milk
- Vinagre / Vinegar
- Vegetales / Vegetables
- Tomate / Tomato

- Cebolla / Onion
- Zanahoria / Carrot
- Pimentón / Peppers
- Pan / Bread
- Carnes / Meat
- Pescados / Fish
- Salsas / Sauces
- Quesos / Cheeses
- Frutas / Fruits
- Chocolate / Chocolate
- Fresa / Strawberry
- Vainilla / Vanilla
- Servilletas / Napkins
- Mesa / Table
- Mantel / Tablecloth
- Mantel Individual / Individual Tablecloth

Let's Practice -Vamos a Practicar

Read the story. Underline the words related to kitchen vocabulary.

Cindy y sus amigos trabajan en un restaurante. Todos los días son muy felices porque crean nuevas recetas, combinan ingredientes y disfrutan cocinar los diferentes platos que se ofrecen en ese lugar. A veces tienen que aprender recetas internacionales, e ir de compras por distintos ingredientes, pero por lo general, siempre tienen los mismos, ya que el menú ofrece platos típicos de la zona. Entre distintas recetas y preparación de postres, Cindy pasa el día muy alegra de trabajar allí. A veces canta con sus amigos mientras trabajan. También se ha hecho muy amiga de los meseros, quienes van de un lado a otro entregando las órdenes de los clientes o comensales. Los platos más solicitados son aquellos que contienen carnes y pescados combinados con arroz y pasta.

Además de ser muy felices preparándolos, se dedican a preparar diversos postres de deliciosos sabores.

Translation

Cindy and her friends work at a restaurant. Every day they are very happy, because they create new recipes, combine ingredients, and enjoy cooking the different dishes that are offered in that place. Sometimes they have to learn international recipes, and go shopping for different ingredients, but in general, they always have the same ones, since the menu offers typical dishes from the area. Between recipes and preparing desserts, Cindy spends the day very happy working there. Sometimes she sings with her friends while they work. She has also become close friends with the waiters, who go from one place to another deliver the orders of the clients or diners. The most popular dishes are those that contain meat and fish combined with rice and pasta.

In addition to being very happy preparing them, they are dedicated to preparing various desserts with delicious flavors.

Let's Practice -Vamos a Practicar

¿En qué tiempo están escritos los verbos en la lectura? / In which tenses are the verbs written in the reading?

¿Cuál es el nombre del personaje principal? / What is the name of the main character?

¿Qué tipo de platos se sirven en el restaurante? / What kind of dishes are served in the restaurant?

Places At Home

- Cocina / Kitchen
- Sala / Living Room
- Comedor / Dining Room
- Baños / Bathrooms
- Dormitorios / Habitaciones
- Jardín / Yard

Let's Practice -Vamos a Practicar

Read the story. Underline de parts of the house.

Luisa es una experta en decoración. Disfruta mucho tomar cursos sobre este tema para incluir su estilo y mantenerse decorando su casa y las de sus familiares. Sandra llama por teléfono a Luisa.

Luisa: Hola, ¿Sandra?

Sandra: ¡Hola, Luisa!, ¿cómo estás?

Luisa: Muy bien, Sandra. Gracias.

Sandra: Luisa, te llamo porque quiero que me acompañes a visitar a mi tía Eugenia. Ella no sabe de qué color pintar las paredes de la sala de su casa.

Luisa: ¡Oh!, ya veo. Y, ¿de qué color quiere ella pintarlas?

Sandra: Bueno, ella quiere obtener recomendaciones por parte de una decoradora como tú, y que observes sus muebles y pinturas.

Luisa: Entiendo, Sandra. Vamos a ver la casa de tu tía.

Sandra: Ok, ¿cuándo vamos?

Luisa: Mañana a las 10:00 de la mañana, ¿te parece bien?

Sandra: Sí, de acuerdo.

Una vez en la casa de la tía de Luisa...

Tía Eugenia: Hola, Luisa ¿Cómo estás?

Luisa: Muy bien, tía. Vine con mi amiga Sandra para ver la decoración de tu casa.

Tía Eugenia: Muy bien, Luisa.

Sandra: Hola, señora Luisa.

Tía Eugenia: Hola, ¿cómo estás? Por acá están los muebles, ¿Te gustan los colores?

Sandra: Sí, muy bonitos.

Tía Eugenia: Los compré cuando viajaba a todas partes del mundo.

Sandra: Suena interesante, ¿Me puede contar más?

Tía Eugenia: Sí, cuando era joven viajaba a muchos países con la finalidad de comprar muchos accesorios para mí y para mi casa.

Sandra: ¡Güau!

Tía Eugenia: Sí, mira este portarretratos. Lo compré cuando visitaba todos los días una calle de solo artesanías.

Sandra: ¿En qué país?

Tía Eugenia: En uno de tantos países de Europa.

Sandra: Okay, veamos los colores de los sillones y muebles.

Tía Eugenia: Sí. Mira, son estos. Y mira las lámparas de la sala ¡Oh! También me gustaría mostrarte otros lugares como los dormitorios y baños. En ellos tengo muchas pinturas muy bonitas que me gustaría combinar con los colores de las paredes.

Sandra: ¡Excelente! Estoy de acuerdo. Y... ¿qué lugares de la casa quiere redecorar?

Tía Eugenia: La sala, el comedor, los baños, los dormitorios y el jardín, allí también tengo muebles, sillas y mesas.

Sandra: ¡Manos a la obra!

Translation

Luisa is an expert in decoration. She really enjoys taking courses about this subject to include her style and keep decorating her home and those of her family members. Sandra calls Luisa on the phone.

Luisa: Hello, Sandra?

Sandra: Hi, Luisa! How are you?

Luisa: Very good, Sandra. Thank you.

Sandra: Luisa, I'm calling you, because I want you to accompany me to visit my aunt Eugenia. She doesn't know what color to paint the walls in her living room.

Luisa: Oh, I see. And what color does she want to paint them?

Sandra: Well, she wants to get recommendations from a decorator like you, and have you look at her furniture and paintings.

Luisa: I understand, Sandra. We are going to see your aunt's house.

Sandra: Ok, when are we going?

Luisa: Tomorrow at 10:00 in the morning. Is that okay?

Sandra: Yes, okay.

Once in Luisa's aunt's house...

Aunt Eugenia: Hello, Luisa, how are you?

Luisa: Very good, Auntie. I came with my friend Sandra to see the decoration of your house.

Aunt Eugenia: Very good, Luisa.

Sandra: Hello, Mrs. Luisa.

Aunt Eugenia: Hello, how are you? Over here is the furniture. Do you like the colors?

Sandra: Yes, very nice.

Aunt Eugenia: I bought them when I traveled to all parts of the world.

Sandra: Sounds interesting, can you tell me more?

Aunt Eugenia: Yes, when I was younger I traveled to many countries in order to buy many accessories for myself and my house.

Sandra: Wow!

Aunt Eugenia: Yes, look at this picture frame. I bought it when I visited a street of only handicrafts every day.

Sandra: In what country?

Aunt Eugenia: In one of the many countries in Europe.

Sandra: Okay, let's see the colors of the couches and furniture.

Aunt Eugenia: Yes. Look, these are them. And look at the lamps in the living room. Oh! I would also like to show you other places like bedrooms and bathrooms. In them, I have many very beautiful paintings that I would like to combine with the colors of the walls.

Sandra: Excellent! I agree. And... what parts of the house do you want to redecorate?

Aunt Eugenia: The living room, the dining room, the bathrooms, the bedrooms and the garden, there I also have furniture, chairs and tables.

Sandra: Let's get to work!

Accessories To Decorate The House

Accesorios para decorar la casa

- Lámparas / Lamps
- Cuadros / Paintings
- Portarretratos / Picture Frame
- Sofás / Sofas
- Mesas Laterales / Side Tables
- Mesa De Centro / Center Table
- Mesa De Comedor / Dining Table
- Alfombras / Rugs
- Cortinas / Curtains
- Estantes / Shelves

Let's Practice -Vamos a Practicar

Read the story and identify the words for decoration appliances.

Lili fue al centro comercial en navidad con su mamá. Juntas visitaron una de las mejores tiendas de decoración de casa. Al llegar, fueron muy bien atendidas por el personal encargado de la tienda.

Vendedora: Muy buenas tardes, ¿en qué puedo ayudarlas?

Lili: Hola, buenas tardes. Estamos buscando muchos

artículos decorativos para mi casa. La compré hace poco y necesito decorarla por completo.

Vendedora: Entiendo. Por este pasillo encontraremos la sección de ese tipo de artículos. Permítame ir con ustedes.

Lili: ¡Oh!, muchas gracias.

Vendedora: Específicamente, ¿qué buscan?

Lili: Estamos buscando absolutamente todo nuevo, desde un portarretratos hasta un llavero.

Vendedora: Muy bien, aquí hay unas alfombras muy bonitas en las que puede usar de decorar. Tenemos estos colores: marrón, rojo, gris y amarillo.

Lili: ¡Güau!, mamá. Mira esta alfombra. Es muy decorativa y elegante.

Mamá de Lili: Sí, Lili. Ya veo que es preciosa. Pensemos también en las cortinas.

Vendedora: Sí, señorita. Le recomiendo pensar también en combinar las cortinas con la alfombra y los sofás. Un ambiente bien armonizado le garantiza mucho confort en casa.

Lili: Sí, eso lo entiendo.

Vendedora: ¿Le gustaría ver además, otro artículos decorativos antes de tomar la decisión de comprar?

Lili: Sí, me gustaría mucho.

Mamá de Lili: Lili, en este lugar hay una gran cantidad de artículos decorativos y muebles hermosos. Vamos a ver todo muy bien, porque la decisión es muy difícil, porque todos son muy lindos.

Lili: Sí, mamá. Déjame escoger la alfombra marrón y roja.

Pienso que mis sofás van a ir combinados con ese estilo.

Vendedora: Muy bien. Entonces le agregamos esa alfombra.

Lili: Sí. Y vamos de inmediato al área de los sofás para escoger los colores y estilos.

Mamá de Lili: ¡Lili! ¿Quieres comprar todo hoy?

Lili: Sí, mamá. Compraré todo hoy. Ya quiero decorar toda mi casa.

Vendedora: Entiendo perfectamente, señorita.

Translation.

Lili went to the mall at Christmas with her mom. Together they visited one of the best home decoration stores. Upon arrival, they were very well tended to by the staff in charge of the store.

Saleswoman: Good afternoon, how can I help you?

Lili: Hello, good afternoon. We are looking for many decorative items for my house. I bought it recently and need to decorate it completely.

Saleswoman: I understand. In this corridor, we will find the section for this type of item. Let me go with you.

Lili: Oh, thank you very much.

Saleswoman: Specifically, what are you looking for?

Lili: We are looking for absolutely everything new from a picture frame to a key ring.

Saleswoman: Okay, here are some really nice rugs you

can use when decorating. We have these colors: brown, red, gray and yellow.

Lili: Wow! Mom, look at this rug. It is very decorative and elegant.

Lili's mom: Yes, Lili. I see that it is beautiful. Let's also think about the curtains.

Saleswoman: Yes, miss. I recommend that you also think about combining the curtains with the carpet and the sofas. A harmonized environment guarantees you a lot of comfort at home.

Lili: Yes, I understand that.

Saleswoman: Would you also like to see other decorative items before making the decision to buy?

Lili: Yes, I would very much like it.

Lili's Mom: Lili, in this place there are a lot of decorative items and beautiful furniture. We are going to see everything very well, because the decision is very difficult, because they are all very appealing.

Lili: Yes, mom. Let me pick the brown and red carpet. I think my sofas are going to be combined with that style.

Saleswoman: Very good. So we add that rug to it.

Lili: Yes. And we immediately go to the sofa area to choose the colors and styles.

Lili's mom: Lili! Do you want to buy everything today?

Lili: Yes, mom. I will buy everything today. I already want to decorate my whole house.

Saleswoman: I understand perfectly, miss.

Family Tree

- Abuelos / Grandparents
- Padres / Parents
- Tíos / Uncle/Aunt
- Hermanos / Siblings
- Primos / Cousins
- Yo / Me

Let's Practice -Vamos a Practicar

Read the story. Underline the words related to the family tree.

Carol y Daniel son muy Buenos amigos en la escuela. Siempre conversan a la hora de desayunar. Ahora hablan de su familia.

Carol: Daniel, fui a una fiesta familiar el fin de semana.

Daniel: ¡Qué bueno, Carol! ¿te divertiste mucho?

Carol: Sí, me divertí mucho.

Daniel: ¿Qué hiciste?

Carol: Jugué mucho con mis primas. Ellas tienen muchos juegos interesantes y de mesa.

Daniel: ¡Magnífico!

Carol: También compartí mucho con mis abuelos Sonia y Fabián.

Daniel: Es muy bueno compartir con la familia, principalmente con los abuelos.

Carol Sí, ellos tienen muchas experiencias excelentes.

Daniel: Yo recuerdo que mis tíos siempre me contaban las experiencias de sus padres cuando eran jóvenes.

Carol: ¿Sí? ¿También a ti tu familia te cuenta sus vivencias y experiencias? Eso me parece muy bien.

Daniel: Sí, mis primos viajan mucho y siempre me muestran sus fotos contándome todo acerca de sus paseos.

Carol: Te felicito Daniel. Tienes una familia muy bonita, como la mía.

Daniel: Gracias, Carol.

Translation

Carol and Daniel are very good friends at school. They always talk at breakfast time. Now they talk about their family.

Carol: Daniel, I went to a family gathering on the weekend.

Daniel: Good, Carol! Did you have a lot of fun?

Carol: Yes, I had a lot of fun.

Daniel: What did you do?

Carol: I played a lot with my cousins. They have many interesting board games.

Daniel: Great!

Carol: I also shared a lot with my grandparents Sonia and Fabián.

Daniel: It is very good to share with the family, especially with the grandparents.

Carol Yes, they have many great experiences.

Daniel: I remember that my uncles always told me about their parents' experiences when they were young.

Carol: Really? Does your family also tell you about their experiences? That sounds fine to me.

Daniel: Yes, my cousins travel a lot, and they always show me their photos telling me everything about them.

Let's Practice -Vamos a Practicar

Make sentences using the vocabulary related to family.

_____
_____
_____
_____
_____

Internet Vocabulary

In Spanish there are words related with internet

- Blog / Blog

- Bloguero / Blogger
- Bloguera / Blogger
- Internet / Internet
- Software / Software
- Hardware / Hardware
- Web / Web
- Página Web / Web Page
- Sitios Web / Website
- Wifi / Wifi

Let's Practice -Vamos a Practicar

Read the story. Underline the words related to the Internet.

Sara visita a su amiga Rosa para hacer muchos trabajos de la escuela. Siempre hacen estas actividades juntas porque Sara no es muy experta en las redes e internet.

Sara: Hola Rosa, ¿cómo estás?

Rosa: Muy bien, Sara ¿Y tú?

Sara: Muy bien, ¿comenzamos ya a hacer las tareas de la escuela?

Rosa: Sí, claro.

Sara: ¿Ok, recuerda que no pude ir ayer a clases? Por eso vengo a trabajar contigo.

Rosa: Sí, Sara. De acuerdo.

Sara: ¿Qué asignación tenemos en la materia computación?

Rosa: ¡Oh!, tenemos que investigar acerca del vocabulario más usado en internet.

Sara: Suena interesante.

Rosa: Sí, Sara. Mira, estas son las palabras: blog, bloguero, bloguera, internet, software, hardware, web, página web, sitio web y wifi.

Sara: Oye, veo que casi todas esas palabras son iguales que en inglés.

Rosa: Sí, así es.

Sara Ok, entonces, ¿debemos investigar principalmente los conceptos?

Rosa: Sí, los conceptos, qué es cada uno de ellos.

Sara: sí, entiendo.

Rosa: ¿Sabes qué me gustaría hacer luego de investigar este tema?

Sara: ¿Qué, Rosa?

Rosa: Me gustaría enseñar a los niños más pequeños de la escuela este vocabulario, además de enseñarlos a usar las computadoras y hacer sus trabajos de investigación y tareas asignadas por las maestras.

Sara: Oh, esa es una muy buena idea, Rosa. Podemos sugerirle a nuestra profesora y compañeros, y así contribuir con el educacion de los niños.

Rosa: Sí, siempre me ha gustado ayudar a los niños.

Sara: Me parece muy bien, Rosa. Te felicito.

. . .

Translation.

Sara visits her friend Rosa to do a lot of school work. They always do these activities together, because Sara is not very expert in networks and the internet.

Sara: Hi Rosa, how are you?

Rosa: Very good, Sara. And you?

Sara: Alright. Can we start doing our homework now?

Rose: Yes, of course.

Sara: Ok, remember that I couldn't go to class yesterday? That's why I came to work with you.

Rose: Yes, Sarah. I agree.

Sara: What assignments do we have in computer science?

Rosa: Oh! We have to find the most frequently used words on the internet.

Sara: Sounds interesting.

Rose: Yes, Sarah. Look, these are the words: blog, blogger, internet, software, hardware, web, web page, website, and wifi.

Sara: Hey, I see that almost all of those words are the same as in English.

Rose: Yes, they are.

Sara: Ok, so we should mainly investigate the concepts?

Rosa: Yeah, the concepts. What each of them is.

Sara: Okay, I get it.

Rosa: You know what I would like to do after researching this topic?

Sarah: What, Rosa?

Rosa: I would like to teach the younger children in school this vocabulary, in addition to teaching them how to use computers and do their research and homework assigned by the teachers.

Sara: Oh, that's a really good idea, Rosa. We can recommend that to our teacher and classmates, and thus contribute to the children's education.

Rosa: Yes, I have always liked helping children.

Sara: Sounds great to me, Rosa. Congratulations.

Types of Stores

There are many types of commercial stores. Those that are in the avenues or streets and those that are in shopping centers.

- Supermercados / Supermarkets
- Tiendas de ropa / Clothes shops
- Zapaterías / Shoe stores
- Panaderías / Bakeries
- Charcuterías / Deli
- Peluquerías / Hairdressers

Let's study the vocabulary used in supermarkets:

- Frutas / Fruits
- Vegetales / Vegetables
- Carnes / Meats
- Productos de limpieza / Cleaning products
- Quesos / Cheeses
- Charcutería / Charcuterie
- Dulces y postres / Sweets and desserts

Let's Practice -Vamos a Practicar

Read the conversation and underline the vocabulary related to the supermarket.

Andrés: Hola Carlos, ¿cómo estás?

Carlos: Hola Andrés. Muy bien, ¿y tú?

Andrés: Bien, gracias.

Carlos. Bien ¿A dónde vas?

Andrés: Voy al supermercado

Carlos: ¡Genial! ¿qué compras en el supermercado?

Andrés: Compro frutas y vegetales.

Carlos: ¡Excelente! Yo también voy porque necesito comprar unos dulces para los niños.

Andrés: Muy bien, Carlos. Vamos.

. . .

Translation

Andrés: Hi Carlos, how are you?

Carlos: Hi Andrés. Very good and you?

Andrés: Good, thank you.

Charles. Well, where are you going?

Andrés: I am going to the supermarket

Carlos: Great! What do you buy at the supermarket?

Andrés: I buy fruits and vegetables.

Carlos: Excellent! I'm also going, because I need to buy some sweets for the children.

Andrés: Very good, Carlos. Let's go.

Clothing Store

Vocabulario de tiendas de ropa

- Camisas para caballeros / Men's shirts
- Pantalones para caballeros / Men's trousers
- Franelas para caballeros / Men's flannels
- Camisas o blusas para damas / Ladies shirts or blouses
- Pantalones para damas / Ladies pants
- Franelas para damas / Ladies flannels
- Vestidos / Dresses
- Faldas / Skirts
- Shorts / Shorts
- Franelas / Flannels

Let's Practice -Vamos a Practicar

Read the story and underline the vocabulary related to clothing stores.

Cindy es una chica muy estudiosa. Sus padres siempre le dan obsequios por sus excelentes notas. Cindy siempre recibe de ellos diferentes accesorios, pero esta vez sus padres le quieren dar ropa.

Keila (mamá de Cindy): Alberto, vamos al centro comercial a comprar los regalos de Cindy.

Alberto: Muy bien, Keila ¿Qué quieres comprarle?

Keila: Quiero comprarle varios vestidos en colores diferentes. Ella estudia mucho y obtiene muy buenas notas por su gran esfuerzo.

Alberto: De acuerdo, Keila. Vamos temprano para recorrer todo el centro comercial y visitar muchas tiendas.

Keila: ¡Seguro!, aunque pienso que además de vestidos, podemos comprarle blusas y faldas. Cindy se alegra mucho cuando le damos nuestro cariño.

Alberto: Vamos, Keila.

Translation

Cindy is a very studious girl. Her parents always give her gifts for her excellent grades. Cindy always receives different accessories from them, but this time her parents want to give her clothes.

Keila (Cindy's mother): Alberto, we are going to the mall to buy Cindy's gifts.

Alberto: Very good, Keila. What do you want to buy her?

Keila: I want to buy her several dresses in different colors. She studies hard and gets very good grades for her hard work.

Alberto: Okay, Keila. We will go early to tour the entire mall and visit many stores.

Keila: Sure! Although I think that in addition to dresses, we can buy her blouses and skirts. Cindy is very happy when we give her our love.

Alberto: Come on, Keila.

Shoe Stores

- Zapatos / Shoes
- Zapatos Deportivos / Sports Shoes
- Zapatos De Tacón Alto / High Heels
- Botas / Boots
- Sandalias / Flip Flops
- Zapatos Para Damas / Ladies Shoes
- Zapatos Para Caballeros / Men's Shoes
- Zapatos Para Niños / Children's Shoes
- Zapatos Para Niñas / Shoes For Girls
- Zapatos Para Bebés / Shoes For Babies

Let's Practice -Vamos a Practicar

Complete the sentences with the appropriate word related to the shoe store.

*Andreína va de comprar por unas_____para ir a la playa / Andreina goes shopping for some_____ to go to the beach.

*Caren se mide unas _____ en la zapatería porque quiere ir a la montaña / Caren tries on _____ at the shoe store because she wants to go to the mountains.

*Tengo que comprar unos _____ para la fiesta. Voy a usar un vestido / I have to buy some _____ for the party. I'm going to wear a dress.

*Mi papá necesita unos _____para practicar sus deportes favoritos / My dad needs _____ to play his favorite sports.

Bakeries

- Pan / Bread
- Pan Salado / Salty Bread
- Pan Dulce / Sweet Bread
- Dulces / Sweet
- Tortas / Cakes
- Sandwiches / Sandwiches

- Jugos / Juices
- Leche / Milk

Let's Practice -Vamos a Practicar

Answer the questions according to the example below.

¿Te gusta el pan dulce o salado? / Do you like sweet or salty bread?

Me gusta el pan dulce / I like sweet bread

*¿Te gustan los jugos o refrescos? /

Do you like juices or sodas?

*¿Te gustan los dulces o las tortas? / Do you like sweets or cakes?

Deli

- Jamón / Ham
- Salami / Salami
- Salchichas / Sausages
- Tocineta / Bacon

Let's Practice -Vamos a Practicar

Complete the sentences with the vocabulary related to delicatessen.

En las mañanas, como un sandwich con_____ y queso / In the morning, I eat a sandwich with _____ and cheese

A Luisa le gustan los perros calientes con_____ / Luisa likes hot dogs with _____

Beatriz prepara la salsa para pasta con_____ _____ / Beatriz prepares the pasta sauce with-_____

Hairdressers

- Corte De Cabello / Haircut
- Secado De Cabello / Drying Hair
- Tinte De Cabello / Hair Dye
- Manicure / Manicure
- Pedicure / Pedicure

Let's Practice -Vamos a Practicar

Read the story and underline the words related to hairdressing.

Benjamín tiene dos hijas. Sus nombres son Andreína y Susana. A Susana le encanta ir todos los sábados a la peluquería con sus amigas. Andreína, por otra parte, disfruta quedarse en casa por leer muchos libros e historias divertidas. Cuando Susana va a la peluquería invita a muchas amigas, pero también a su hermana.

Susana: Hoy voy a cortarme el cabello como este estilo, Andreína ¿Qué te parece?

Andreína: Oh, Susana. De nuevo con tus ideas de ir a la peluquería.

Susana: ¡Claro, Andreína! Me encanta ir y que me arreglen muy bien mi cabello, me hagan pedicure y manicure.

Andreína: Te entiendo perfectamente, Susana. Pero yo voy a quedarme en casa leyendo y estudiando.

Susana: Ok, ok… Voy a invitar a Lili y a Keila.

Andreína: De acuerdo. Que les vaya muy bien y disfruten.

Translation

Benjamin has two daughters. Their names are Andreína and Susana. Susana loves to go to the hairdresser with her friends every Saturday. Andreina, on the other hand, enjoys staying at home to read lots of fun books and stories. When Susana goes to the hairdresser, she invites many friends, but also her sister.

Susana: Today I'm going to cut my hair like this, Andreína. What do you think?

Andreína: Oh, Susana. Again with your ideas of going to the hairdresser.

Susana: Sure, Andreina! I love to go and have my hair done very well, have a pedicure, and a manicure.

Andreína: I understand you perfectly, Susana. But I'm going to stay home reading and studying.

Susana: Ok, ok... I'm going to invite Lili and Keila.

Andreína: Okay. Good luck and enjoy.

The Weather

The climate varies according to each country, region, and city.

When it comes to weather, temperature is taken into account as well. The words that describe the weather in Spanish are:

- Cálido / Warm
- Seco / Dried
- Templado / Tempered
- Frío / Cold
- Húmedo / Damp
- Lluvioso / Rainy
- Nublado / Cloudy

Temperature is measured in Celsius and Fahrenheit.

. . .

To ask about the weather, we use expressions like:

- ¿Cómo es el clima en tu ciudad? Es húmedo/ frío/ templado/ lluvioso/cálido/seco/nublado.

Another way to express opinions about temperature is:

- Hace frío / hoy hace frío / It's cold / it's cold today
- Hace calor / hoy hace calor / It's hot / it's hot today
- En esta ciudad hace frío / In this city, it's cold
- En esta ciudad hace calor / In this city, it's hot
- El día está nublado / The day is cloudy
- El día está cálido / The day is warm

Let's Practice -Vamos a Practicar
    Answer the following questions.

¿Cómo es el clima en tu ciudad? / How is the weather in your city?

¿Está nublado hoy el día? / Is the day cloudy today?

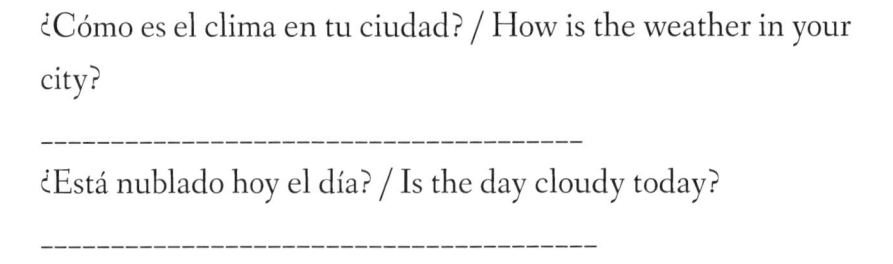

Let's Practice -Vamos a Practicar

Read the story about the weather. Underline the vocabulary about weather.

Karina practica muchos deportes de verano. Usualmente va a la playa y dirige un equipo de voleibol, en el que juegan también un gran número de amigas que se turnan entre ellas para practicar. Esto lo hacen todos los fines de semana durante el verano, cuando el clima es muy cálido. Una vez que se termina esta temporada, Karina juega otro tipo de deportes. Ella es una gran deportista y pertenece a grupos de entrenadores deportivos que, al igual que ella conocen las diferentes logísticas y prácticas de diferentes deportes. Visitan espacios en toda la ciudad y sus adyacencias adecuado para la práctica de cada uno de ellos. Así que, en verano, mientras el clima es cálido, practican deportes como:

*Natación
*Senderismo
*Voleibol De Playa
*Buceo

*Fútbol

En primavera, cuando el clima comienza a calentarse, organizan paseos y deportes al aire libre con paisajes muy bonitos, como:

*Ciclismo

*Paseos En Kayak

*Fútbol

*Carreras Al Aire Libre

*Diferentes Competencias

Y, En Invierno, Cuando El Clima Es Muy Frío, Los Deportes Que Dirige Son:

*Alpinismo

*Esquí

*Snowboard

Estos son los deportes que enseña Karina a sus participantes o aprendices. Ella es muy feliz.

Translation

Karina plays a lot of summer sports. She usually goes to the beach and leads a volleyball team, in which a large number of friends also play, taking turns with each other to practice. They do this every weekend during the summer when the weather is very hot. Once this season is over, Karina plays other types of sports. She is a great athlete and belongs to sport coaching groups who, like her, know the different logistics and practices of different sports. They visit spaces throughout the city and its surroundings adequate for the practice of each one of them. So, in the summer, while the weather is warm, they play sports like:

*Swimming

*Trekking

*Beach volleyball

*Diving

*Football

In spring, when the weather starts to warm up, they organize walks and sports outdoors with very beautiful landscapes, such as:

*Cycling

* Kayak tours

*Football

* Outdoor races

* Different skills

And in winter when the weather is very cold, the sports she practices are:

*Mountaineering

*Skiing

* Snowboarding

These are the sports that Karina teaches her participants or trainees. She is very happy.

Colors

Colors in Spanish describe objects, people, and any other elements.

Some of the colors in Spanish are:

- Blanco / White
- Amarillo / Yellow
- Negro / Black
- Morado / Purple
- Azul / Blue
- Marrón / Brown
- Verde / Green
- Naranja / Orange
- Rojo / Red
- Rosa / Pink
- Gris / Grey

Practice: Read the following story and fill in the blanks with color names.

Luisa está en el parque disfrutando del paisaje. Llega Ana y comienza a hablar con ella.
Luisa: ¡Hola, Ana!, ¿cómo estás?
Ana: ¡Hola, Luisa! Muy bien, gracias.

Luisa: Me alegro ¿Qué haces en el parque?

Ana: Vengo siempre a observar los colores de las flores, ¡mira cuántas hay!

Luisa: Sí, a ver; ¡cuántos colores! Hay flores _____, _____, _____, _____ y _____.

Ana: Y también las hay _____ y _____

Luisa: ¡Mira, Ana! Hay también en el cielo un arcoíris, sus colores son _____, _____, _____, _____, y _____.

Ana: ¡Qué bonito, Luisa!

Luisa: Sí, Ana.

_____

Professions

When it comes to professions, there are many in Spanish. Among the most common are:

- Ingeniero / Engineer
- Profesor - Profesora / Professor
- Doctor - Doctora / Doctor
- Enfermero - Enfermera / Nurse
- Contador / Accountant   *Lat Am*
- Economista / Economist
- Abogado / Lawyer
- Arquitecto / Architect
- Actor / Actor

- Actriz / Actress
- Administrador / Administrator
- Odontólogo / Dentist
- Escritor / Escritora Writer
- Veterinario / Veterinarian
- Cantante / Singer

Let's Practice -Vamos a Practicar

Reading. Underline the words related with professions.

Daniel organizó una fiesta para sus amigos profesionales. Durante ella conversaron mucho acerca de sus trabajos. Sus amigos son Marcos, Julián, Guillermo y Benjamín.

Una vez reunidos en la fiesta, conversan acerca de sus experiencias.

Marcos: Hola amigos, ¿cómo están?

Julián, Guillermo y Benjamín: Bien, amigo ¿Cómo te ha ido?

Marcos: Muy bien, ¿y a ustedes?

Julián: Marcos, te presento a Guillermo.

Marcos: Mucho gusto, Guillermo.

Guillermo: Igualmente, Marcos.

Julián: Bueno, esta es una reunión de amigos profesionales. Hablemos de nuestras experiencias en el trabajo.

Daniel: de acuerdo. Yo soy contador. Me ocupo de la

contabilidad y las cuentas de muchos profesionales.

Julián: Yo soy profesor de Historia. Dicto las clases en varios idiomas.

Guillermo: Muy bien, Julián. Te felicito. Yo soy veterinario. Me gusta mucho curar a las mascotas de las personas.

Marcos: ¡Te felicito, Guillermo! Yo soy doctor y también me gusta curar, pero a las personas.

Benjamín: Excelente. Yo soy arquitecto y siempre estoy pensando en la amplitud de las construcciones de mis clientes y amigos. Eso me toma bastante tiempo.

Daniel: Sus profesiones son muy interesantes.

Julián: Sí, a mí también me toma mucho tiempo investigar y planificar mis clases de la universidad. Pero me gusta mucho mi profesión.

Guillermo: De acuerdo contigo, Julián. Ejercer la profesión que nos gusta nos ayuda a ser exitosos.

Marcos: Totalmente de acuerdo, amigos.

Translation.

Daniel threw a party for his professional friends. During it, they talked a lot about their jobs. His friends are Marcos, Julián, Guillermo and Benjamin.

Once reunited at the party, they talk about their experiences.

Marcos: Hello friends, how are you?

Julián, Guillermo and Benjamin: Well, friend. How have

you been?

Marcos: Very good, and you?

Julián: Marcos, this is Guillermo.

Marcos: Nice to meet you, Guillermo.

Guillermo: Likewise, Marcos.

Julián: Well, this is a meeting of professional friends. Let's talk about our experiences at work.

Daniel: Okay. I am an accountant. I handle accounting and accounts for many professionals.

Julián: I am a History teacher. I teach classes in several languages.

Guillermo: Very good, Julián. Congratulations. I am a veterinarian. I really like curing people's pets.

Marcos: I congratulate you, Guillermo! I am a doctor and I also like to heal, but people.

Benjamin: Excellent. I am an architect and I am always thinking about the scale of the constructions of my clients and friends. That takes a long time.

Daniel: Your professions are very interesting.

Julián: Yes, it also takes me a long time to research and plan my university classes. But I really like my profession.

Guillermo: I agree with you, Julián. Performing the profession that we like helps us to be successful.

Marcos: I totally agree, friends.

Practice. Choose one of the professions above and construct sentences from them. Remember to follow the structure for making sentences.

Chapter 4

Most Common Expressions

Greeting's Expressions

Hola, ¿cómo estás? / Hi, how are you?
Bien, ¿y tú? / Good, and you?
Muy bien, gracias / Very well, thank you
Buenos días, ¿cómo estás? / Good morning, how are you?
Buenos días, muy bien. Gracias / Good morning, very good. Thanks.
Buenas tardes / Good afternoon
Buenas tardes / Good evening
Buenas noches / Goodnight

Greetings in Spanish vary, according to the time in a day or situation. Let's look at a basic conversation:

- ¡Hola! / Hi!
- ¿Cómo estás? / How are you?
- Muy bien, ¿y tú? / Very well and you?
- Bien, gracias. / Fine, thanks.
- Buenos días / Good morning!
- Chao, hasta luego / Bye, see you later
- Hasta luego / Bye

Tip: In a conversation, we can see: buenos/buenas días, tardes or noches (good morning/afternoon/evening or night)

Conversation to introduce someone: You can fill the spaces with names.

A: Hola, _____ ¿cómo estás? / Hi, _____ how are you?
Te presento a_____ / Meet _____

B: Hola, _____. Bien, ¿y tú? / Hello, _____. Good and you?

Mucho gusto, _____ / Pleasure, _____

Encantado (a) de conocerte / Pleased to meet you

C: Mucho gusto, _____ / Pleasure, _____

Let's Practice -Vamos a Practicar

Read the story. Underline the expressions related with greetings and introducing someone.

El primer día de trabajo de Susy se encuentra con su amiga Rosa y la presenta a sus nuevos compañeros de trabajo. Todos están muy alegres de que Susy comience a trabajar.

Rosa: Hola Susy, buenos días. Ven para presentarte a nuestros compañeros de trabajo.

Susy: Hola, buenos días, Rosa. Muy bien.

Rosa llama a sus amigas y amigos.

Alberto, Janet, Pedro y Pablo, les presento a nuestra nueva compañera de trabajo Susy.

Todos dicen: Mucho gusto, Susy. Bienvenida a nuestro trabajo.

Alberto: Hola Susy, encantados de conocerte. Espero que te guste mucho trabajar con nosotros. El ambiente laboral aquí es muy bueno. Todos colaboramos constantemente.

Susy: Gracias, Alberto, y gracias a todos por tan especial bienvenida.

. . .

Translation:

On Susy's first day of work, she meets her friend Rosa and introduces her to her new co-workers. Everyone is very happy that Susy is starting work.

Rosa: Hello Susy, good morning. Come introduce yourself to our co-workers.

Susy: Hello, good morning, Rosa. I am very well, thanks.

Rosa calls her friends in.

Rosa: Alberto, Janet, Pedro, and Pablo, meet our new co-worker, Susy.

They all say: Nice to meet you, Susy. Welcome to our place of work.

Alberto: Hi Susy, nice to meet you. I hope you really like working with us. The work environment here is very good. We all work together constantly.

Susy: Thank you, Alberto, and thank you all for such a special welcome.

Vocabulary Related to Greetings and Introductions.

- Hola / Hi
- ¿Cómo Estás? / How Are You?
- Mucho Gusto / Nice Teo Meet You
- Te Presento A / Meet
- Amigo / Friend (Male)

- Amiga / Friend (Female)

When Traveling

¿Dónde queda el aeropuerto? / Where is the airport?
¿Cuál es el número del vuelo? / What is the flight number?
¿A qué hora sale el vuelo? / What time does the flight leave?
¿A qué hora llega el vuelo? / What time does the flight arrive?
¿Cuál es la puerta de embarque? / What is the boarding gate?
¿Por qué aerolínea viajas? / By which airline are you traveling?
¿Cuánto equipaje llevas? / How much luggage are you carrying?

Let's Practice -Vamos a Practicar

Read the story and underline the vocabulary related with traveling.

Andrea es una viajera frecuente y siempre muy interesada en escribir acerca de sus experiencias.

Ahora ella está en el aeropuerto tomando su próximo vuelo hacia América del Sur. Quiere visitar distintos paisajes marinos y de montaña.

Agente de reservaciones: Buenos días, señorita ¿En qué puedo ayudarla?

Andrea: Hola, buenos días. Necesito comprar un boleto hacia varios países de América del Sur. Voy a visitar muchos de ellos.

Agente de reservaciones: Excelente, ¿me dice sus datos, por favor?

Andrea: Sí, aquí está mi identificación.

Agente de reservaciones: ¿Por cuál aerolínea desea viajar?

Andrea: Puede ser por cualquiera que esté disponible. Me gustan todas.

Agente de reservaciones: ¿Tiene alguna fecha preferida de salida?

Andrea: En realidad, para la próxima semana quiero salir.

Agente de reservaciones: ¿Cualquier día?

Andrea: Sí, me puede ofrecer cualquier día.

Agente de reservaciones: Ok, tenemos disponibilidad para el miércoles ¿Está de acuerdo?

Andrea: Sí, perfecto.

Agente de reservaciones: ¿Cuánto equipaje lleva?

Andrea: Llevo aproximadamente dos maletas, una es de mano.

Agente de reservaciones: Perfecto. Aquí está su boleto. Especifica la fecha de salida, destino, número de vuelo y puerta de embarque.

Andrea: Excelente, señorita. Muchas gracias.

Agente de reservaciones: A su orden. Le esperamos en la fecha de su salida.

Translation:

Andrea is a frequent traveler and always very interested in writing about her experiences.

Now she is at the airport boarding her next flight to South America. She wants to visit the different sea and mountain landscapes.

Reservations Agent: Good morning, miss. How can I help you?

Andrea: Hello, good morning. I need to buy a ticket to several countries in South America. I will visit many of them.

Reservations Agent: Excellent, can I have your details?

Andrea: Yes, here is my ID.

Reservation Agent: Which airline do you want to travel with?

Andrea: It can be with any that is available. I like them all.

Reservations Agent: Do you have a preferred departure date?

Andrea: Actually, I want to get going next week.

Reservations Agent: Any day?

Andrea: Yes, you can suggest any day.

Reservations Agent: Ok, we have an availability on Wednesday. Is that okay?

Andrea: Yes, perfect.

Reservation Agent: How much luggage do you travel with?

Andrea: I travel with approximately two suitcases; one is a hand luggage.

Reservations Agent: Perfect. Here's your ticket. Specify the departure date, destination, flight number and boarding gate.

Andrea: Excellent, miss. Thanks a lot.

Reservations Agent: You are welcome. See you on the date of your departure.

Vocabulary Related to Traveling by Plane.

- Aerolínea / Airline
- Avión / Airplane
- Vuelo / Flight
- Puerta De Embarque / Gate
- Piloto / Pilot
- Maleta (S) / Suitcase (S)
- Equipaje / Luggage
- Pasajero (S) / Passenger (S)
- Asiento De Ventana / Aisle Seat
- Asiento De Pasillo / Window Seat
- Reservación / Reservation
- Agente De Reservación / Reservation Agent

- Número De Reserva / Booking Number
- Boleto / Ticket
- Boleto Electrónico / Eticket
- Taxi / Taxi
- Impuesto De Salida / Tax
- Comida Especial / Special Meal
- Aterrizaje / Landing
- Despegue / Take Off

General Expressions Used At Home

- Vamos a limpiar la alfombra / Let's clean the carpet.
- ¿A qué hora haces el almuerzo? / What time do you make lunch?
- Veamos TV / Let's watch TV
- Abre la ventana, por favor / Open the window, please
- Cierra la puerta, por favor / Close the door, please
- Me gusta limpiar la casa / I like cleaning the house.

Let's Practice -Vamos a Practicar

Read the story. Underline the vocabulary related with home

Luisa está en el jardin de su casa hablando por teléfono con sus amigas Liliana, Carlota y Susan. Desea invitarlas a pasar una tarde especial para compartir y conversar sobre sus anécdotas, mientras comen dulces, pasteles y toman jugos de exquisitas frutas.

Luisa: Hola Liliana. Espero que estés muy bien. Te llamo para invitarte a una tarde de amigas, compartir una rica merienda con nosotras, y conversar acerca de las flores que tengo en mi hermoso jardín, ¿te gustaría venir?

Liliana: Hola Luisa ¡Oh, sí! ¡Qué alegría! Claro que sí me gustaría ir ¿Cuándo es?

Luisa: Este sábado a las 3:00 de a tarde. Así podemos ver muy bien las flores.

Liliana: De acuerdo, Luisa. Muchas gracias por la invitación.

Luisa: Disfrutaremos mucho, Lili. Ya invité a Susan y a Carlota.

(Una vez en la reunión de amigas).

Carlota: Luisa, qué hermosas flores tienes en tu jardín. Me imagino que tienes un cuidado muy especial con todas.

Susan: Cuántos colores en tu jardín, Luisa.

Luisa: Sí, amigas. Me ha tomado mucho tiempo lograr este jardín tan colorido.

Liliana: Yo, amigas, estoy sorprendida de ver tanta belleza en este jardín.

Luisa: Gracias a todas, pero hablemos de nuestras casas.

Carlota: Oigan, yo les puedo comentar que la sala de mi casa es la que está llena de colores, por tantas pinturas que tengo.

Susan: ¡Güau, Carlota! Cuéntanos de ellas.

Carlota: La sala de mi casa es muy grande, está unida al comedor y en ambos espacios tengo cuadros o pinturas, algunas plantas y muebles de estilos muy bonitos.

Liliana: Es cierto. Yo he ido a su casa, y es muy hermosa.

Luisa: ¿También tienes alfombras? Las salas con muchas pinturas se ven muy bonitas si tienes alfombras.

Carlota: Sí, sí tengo.

Susan: Y es necesario tener también muhos electrodomésticos para mantenerlas limpias.

Carlota: Sí, amigas. Tengo todo. Hablemos del jardín de Luisa y planifiquemos otra merienda en mi casa.

Liliana: ¡Genial, amigas!

Translation:

Luisa is in the garden of her house talking on the phone with her friends Liliana, Carlota and Susan. She wants to invite them to spend a special afternoon to share and talk about their anecdotes, while eating sweets, cakes and drinking delicious fruit juices.

Louisa: Hi Liliana. Hope you're well. I'm calling you to invite you to an afternoon with friends, share a delicious snack with us, and talk about the flowers I have in my beautiful garden. Would you like to come?

Liliana: Hello Luisa. Oh, yes! What joy! Of course, I would like to come. When is it?

Luisa: This Saturday at 3:00 in the afternoon. So, we can see the flowers very well.

Liliana: Okay, Luisa. Thank you very much for the invitation.

Luisa: We will enjoy it a lot, Lili. I already invited Susan and Carlota.

(Once in the meeting of friends).

Carlota: Luisa, what beautiful flowers you have in your garden. I imagine you have a very special connection with all of them.

Susan: So many colors in your garden, Luisa.

Luisa: Yes, friends. It has taken me a long time to achieve this colorful garden.

Liliana: Friends, I am surprised to see so much beauty in this garden.

Luisa: Thank you all, but let's talk about our houses.

Carlota: Hey, I can tell you that the living room of my house is the one that is full of colors, because of the many paintings that I have.

Susan: Wow, Charlotte! Tell us about them.

Carlota: The living room of my house is very large. It is connected to the dining room, and in both spaces, I have pictures or paintings, some plants, and very nice furniture.

Lilian: It's true. I have been to her house, and it is very beautiful.

Luisa: Do you also have rugs? Rooms with many paintings look very nice if you have rugs.

Carlota: Yes, I do.

Susan: And you also need to have a lot of appliances to keep them clean.

Carlota: Yes, friends. I have everything. Let's talk about Luisa's garden and plan another picnic at my house.

At School / University

- ¿Cuándo llega el profesor de Geografía? / When does the Geography teacher arrive?
- ¿Por qué no estudias para el examen? / Why don't you study for the exam?
- ¿Cuánto tiempo tienes para hacer la investigación? / How long do you have to do research?
- ¿Cuál es tu materia favorita? / Which is your favorite subject?
- ¿A qué hora es el examen? / What time is the exam?
- ¿Dónde queda la biblioteca? / Where is the library?

Practice: Read the story and underline the vocabulary related to school / university

David va a tomar un examen de Matemáticas. Antes de entrar al salón, habla con su compañero de clase, Jesús.

David: Jesús, ¿estudiaste mucho para el examen?

Jesús: Sí, estudié mucho, ¿y tú?

David: Sí, también. Me interesé mucho en estudiar con los libros que el profesor nos recomendó.

Jesús: Muy bien, David. Yo estudié con mis amigos de la otra sección. Tienen un grupo de estudio muy interesado en la investigación.

David: ¡Excelente! ¿Cuántas horas estudiaron?

Jesús: Estudiamos muchas horas.

David: ¿Tienes familiares que son buenos en Matemáticas?

Jesús: No, mi familia tiene más conocimiento de los idiomas. Siempre han sido amantes de francés, inglés y español, entre otros.

David: Magnífico. Yo también quiero aprender idiomas. Pienso que es necesario estudiar de todo, además de mucha Matemática.

Jesús: Estoy totalmente de acuerdo contigo, David.

Translation:

David is going to take a math test. Before entering the room, he talks to his classmate, Jesus.

David: Jesus, did you study hard for the test?

Jesus: Yes, I studied a lot, and you?

David: Yes, me too. I became very interested in studying with the books that the teacher recommended.

Jesus: Very well, David. I studied with my friends from the other section. They have a study group very interested in research.

Dave: Excellent! How many hours did you study?

Jesús: We studied for many hours.

David: Do you have relatives who are good at mathematics?

Jesús: No, my family has more knowledge of languages. They have always been lovers of French, English, and Spanish, among others.

David: Excellent! I also want to learn languages. I think it is necessary to study everything, in addition to a lot of mathematics.

Jesus: I totally agree with you, David.

Vocabulary Related to School/University

- Escuela / School
- Universidad / University
- Profesor / Teacher

- Profesora / Teacher (Female)
- Estudiante (S) / Student
- Salón De Clases / Classroom
- Biblioteca / Library
- Laboratorio / Laboratory
- Libro (S) / Book (S)
- Cuaderno (S) / Notebook (S)
- Lápiz / Pencil
- Lápices / Pencils
- Creyones / Crayons
- Carpeta / Folder
- Engrapadora / Stapler
- Pizarra / Board
- Pizarrón / Blackboard
- Marcador / / Marker
- Marcadores Markers

At the supermarket

- ¿Dónde están las frutas? / Where are the fruits?
- ¿Cuánto cuesta este cereal? / How much does this cereal cost?
- ¿Por qué no vienes conmigo al supermercado? / Why don't you come with me to the supermarket?

- ¿Cuándo vamos al supermercado? / When do we go to the supermarket?
- ¿Cuál es tu comida ierrae? / What is your favorite food?
- ¿A qué hora ierra el supermercado? / What time does the supermarket close?

Let's Practice –Vamos a Practicar

Read the story and underline the vocabulary relating to the supermarket.

Juliana está en el supermercado con su hijo, Daniel.

Daniel: ¡Mamá!, quiero comprar muchas galletas. Aquí hay de muchos sabores.

Juliana: Te entiendo, Daniel. Veamos ¿Cuáles son tus favoritas?

Daniel: Quisiera estas de muchos sabores y estas especiales para niños.

Juliana: Daniel, recuerda que también debes comer muchas frutas. Voy a comprarte las galletas pero también muchas frutas, ¿de acuerdo?

Daniel: Sí mamá.

Juliana: Daniel, sé que eres un niño muy obediente y por eso te compro las galletas y frutas con mucho amor.

Daniel: Sí, mamá. Yo siempre te obedeceré.

Juliana: A ver, veamos dónde están las frutas.

Daniel: Mamá, también quiero muchos cereales.

Juliana: De acuerdo. También te los voy a comprar. Sé que te gusta comerlos en las tardes.

Daniel: Gracias, mamá. Eres especial.

Juliana: Gracias, Daniel.

Translation.

Juliana is at the supermarket with her son, Daniel.

Daniel: Mom! I want to buy lots of cookies. There are many flavors here.

Juliana: I understand, Daniel. Let's see. What are your favorites?

Daniel: I would like these many flavors and these special ones for children.

Juliana: Daniel, remember that you should also eat a lot of fruit. I'm going to buy you the cookies, but also lots of fruit, too, okay?

Daniel: Yes, mom.

Juliana: Daniel, I know you're a very obedient child and that's why I buy you cookies and fruit with a lot of love.

Daniel: Yes, mom. I will always obey you.

Juliana: Let's see where the fruits are.

Daniel: Mom, I also want a lot of cereal.

Juliana: Okay. I'm going to buy them for you, too. I know you like to eat them in the evenings.

Daniel: Thanks, mom. You are great.

Juliana: Thank you, Daniel.

Vocabulary related to supermarket.

- Supermercado / Supermarket
- Frutas / Fruits
- Carnes / Meats
- Pollo / Chicken
- Pescado / Fish
- Quesos / Cheeses
- Jamón / Hams
- Pan / Bread
- Dulces / Sweet
- Vegetales / Vegetables
- Arroz / Rice
- Pasta / Pasta
- Salsas / Sauces
- Productos De Limpieza / Cleaning Products

In The City

- ¿Dónde queda el centro comercial? / Where is the mall?
- ¿A qué hora es la función del cine? / What time is the movie show?

- ¿Cuál es tu restaurante favorito? / What is your favorite restaurant?
- ¿Dónde queda el parque para niños? / Where is the children's park?
- ¿Cuánto tiempo tarda el bus en llegar? / How long does the bus take to arrive?
- ¿Por qué te gusta esa biblioteca? / Why do you like that library?

Expressions to indicate places in a city:

- ¿Dónde queda el teatro? / Where is the theater?
- A dos cuadras de aquí / Two blocks from here
- ¿Dónde queda la universidad? / Where is the university?
- La universidad queda al cruzar la calle / The university is across the street.
- ¿Está cerca de aquí el banco? / Is the bank near here?
- Sí, el banco queda cerca de aquí / Yes, the bank is near here.

Let's Practice -Vamos a Practicar

Read the story. Underline the words relating to the city.

Mari está en casa esperando por su amiga Josefina, quien es nueva en la ciudad. Josefina desea visitar distintos lugares para tomar una gran cantidad de fotografías y tener muchos recuerdos, ya que es muy bonita y turística.

Mari: Josefina, ¡qué bueno que llegaste! ¿vamos a dar el paseo por la ciudad?

Josefina: Sí, Mari. Tengo muchas ganas de visitarla.

Mari: ¿Cuáles son los lugares que quisieras conocer?

Josefina: Quisiera primero conocer la biblioteca y los centros comerciales.

Mari: ¡Genial! Vamos primero a la biblioteca.

Josefina: Vamos. Y muchas gracias por ser tan atenta, Mari.

Mari: Oh, Josefina. Para mí es maravilloso que estés aquí y poder llevarte de paseo.

Josefina: ¡Maravilloso! Y, luego quisiera saber dónde queda el parque y demás atractivos turísticos.

Mari: ¡Seguro! Vamos.

Josefina: Oh, aquí está la biblioteca. Me gusta mucho su arquitectura.

Mari: Sí, Josefina. Esta biblioteca fue construida hace muchos años.

Josefina: es hermosa, ya quiero entrar a leer algo.

Mari: ¡Por supuesto!

Josefina: Mira cuántos libros tan interesantes.

Mari: ¿Buscas algo en especial?

Josefina: Sí, vayamos al sección de Literatura.

Mari: ¡Sí!

Josefina: Quiero leer algunas historias para niños.

Mari: Aquí están.

Josefina: Mira cuántos cuentos tan bonitos.

Mari: Vamos a leerlos en este momento.

Josefina: Sí.

Mari: Luego, si quieres, seguimos el recorrido por las tiendas y centros comerciales.

Josefina: Interesante. Sí, me gustaría. Vayamos en bus a todos esos lugares y también a los distintos restaurantes que en ellos hay.

Translation.

Mari is at home waiting for her friend Josefina, who is new in town. Josefina wants to visit different places to take a lot of pictures and have many memories, since it is very beautiful and touristy.

Mari: Josefina, how good that you came! Shall we go for a walk around the city?

Josephine: Yes, Mari. I really want to see it.

Mari: What are the places you would like to visit?

Josefina: First, I would like to visit the library and the shopping centers.

Mary: Great! Let's go to the library first.

Josephine: Come on. And thank you very much for being so attentive, Mari.

Mari: Oh, Josephine. It's wonderful that you're here, and I can take you for a ride.

Josephine: Wonderful! And then I would like to know where the park and other tourist attractions are.

Mary: Sure! Let's go.

Josefina: Oh, here is the library. I really like its architecture.

Mari: Yes, Josephine. This library was built many years ago.

Josefina: It's beautiful, I want to go in and read something.

Maria: Of course!

Josefina: Look how many interesting books.

Mari: Are you looking for something special?

Josefina: Yes, let's go to the literature section.

Mary: Yes!

Josefina: I want to read some stories for children.

Mary: Here they are.

Josefina: Look how many beautiful stories.

Mari: Let's read them right now.

Josephine: Yes.

Mari: Then, if you want, we continue the tour of the shops and malls.

Josephine: Interesting. Yes, I'd like to. Let's go by bus to all those places and also to the different restaurants that are in them.

Vocabulary Related to the City.

- Biblioteca / Library
- Cine / Movie Theater
- Teatro / Theater
- Hospital / Hospital
- Plaza / Square
- Heladería / Ice Cream Shop
- Restaurante Restaurant
- Tiendas / Stores
- Centros Comerciales / Malls
- Calles / Streets
- Avenidas / Avenues
- Semáforos / Traffic Lights
- Parada De Autobús / Bus Stop
- Metrobús / Metrobus
- Parques / Parks

Expressions to Ask about Tourist Information

Quisiera comprar entradas para el concierto / I would like to buy tickets for the concert.

Me gustan muchos estos centros comerciales / I really like these malls

Vamos a recorrer la ciudad en bus / We are going to tour the city by bus.

Necesito información acerca de la estación de metro / I need information about the subway station.

Me gusta viajar en tren / I like to travel by train.

Los jardines de la ciudad son hermosos / The city gardens are beautiful.

Expressions to Ask about the Weather

- ¿Cómo está el clima en tu ciudad? / How's the weather in your city?
- Hoy hace mucho frío / Today it is very cold.
- ¿Cuál es la temperatura ahora? / What is the temperature now?
- ¿Hace frío en esa ciudad? / Is it cold in that city?
- Hay mucha nieve aquí / There is a lot of snow here.
- Hoy llueve mucho / Today it rains a lot.

Let's Practice -Vamos a Practicar

Read the story. Underline the word related with weather.

Claudia y Manuel visitan muchos lugares de interés turístico en Europa, pero no les agrada el clima frío, así deciden ir a países donde el clima sea más templado o cálido.

Claudia: Manuel, me gustaría ir a una ciudad donde no haga frío y podamos tomar distintos tours.

Manuel: De acuerdo contigo, Claudia. También quiero tomar muchas fotografías de los mejores paisajes verdes, para tenerlos de recuerdo.

Claudia: Sí, alguien que también quiero hacer es comer mucha comida local en muchos restaurantes.

Manuel: ¡Güau, Claudia! Esa es una excelente idea.

Claudia: ¿Cuál es la temperatura en esta ciudad?

Manuel: Ahora está en 10 grados centígrados.

Claudia: Está bien. Podemos salir a tomar unas deliciosas bebidas calientes.

Manuel: Sí, hoy no usaré los guantes porque el clima no está tan frío.

Claudia: No, ya pronto estará más templado.

Manuel: Y pronto iremos a otros destinos donde esté aún más.

Claudia: Sí, esa es la idea.

Manuel: ¿Qué te parece si vamos de tiendas y compramos ropa para la temporada de calor que se aproxima?

Claudia: Si, ¿cuándo quieres ir?

Manuel: Mañana.

Claudia: De igual manera, antes de ir, debemos revisar cómo va a estar el clima mañana.

Manuel: Ok. Probablemente subirá la temperatura.

. . .

Translation.

Claudia and Manuel visit many tourist attractions in Europe, but they don't like the cold weather, so they decide to go to countries where the weather is milder or warmer.

Claudia: Manuel, I would like to go to a city where it is not cold, and we can take different tours.

Manuel: I agree with you, Claudia. I also want to take many pictures of the best green landscapes, to have them as a souvenir.

Claudia: Yes, one thing I also want to do is eat a lot of local food in many restaurants.

Manuel: Wow, Claudia! That is an excellent idea.

Claudia: What is the temperature in this city?

Manuel: Now it is 10 degrees centigrade.

Claudia: Okay. We can go out for some delicious hot drinks.

Manuel: Yes, today I will not use the gloves, because the weather is not so cold.

Claudia: No, it will soon get warmer.

Manuel: And soon we will go to other destinations where it is even more so.

Claudia: Yes, that's the idea.

Manuel: What do you think if we go shopping and buy clothes for the upcoming hot season?

Claudia: Yes, when do you want to go?

Manual: Tomorrow.

Claudia: Anyways, before we go, we should check how the weather is going to be tomorrow.

Manuel: Ok. The temperature will probably rise.

Vocabulary Related to the Weather

- Clima / Weather
- Temperatura / Temperature
- Grados Centígrados / Celsius Degrees
- Grados Farenheit / Farenheit Degrees
- Guantes / Gloves
- Ropa De Invierno / Winter Clothes
- Ropa De Verano / Summer Clothes
- Gorro / Hat
- Estación / Season
- Primavera / Spring
- Verano / Summer
- Otoño / Fall
- Invierno / Winter

Expressions Used at an Ice Cream Shop / Event

- Quiero un helado especial / I want a special ice cream.
- ¿Cuántos sabores de helados hay? / How many flavors of ice cream are there?
- Me gustaría comprar un helado / I would like to buy an ice cream.
- Te invito un helado / I invite you an ice cream.
- ¿Cuánto cuesta este helado? / How much does this ice cream cost?

Let's Practice -Vamos a Practicar
Read the story.

Luis y Anabel están en la fiesta de Cristina.

Anabel: Hola Luis, ¿cómo estás?

Luis: Bien, ¿y tú?, Ana

Anabel: Muy bien, gracias

Luis: La fiesta está divertida, ¿verdad?

Anabel: Sí, muy divertida. Todos disfrutan.

Anabel: Sí, mira la torta. Es muy bonita

Luis: Sí, es muy colorida

Anabel: Y, mira cuántos helados hay en esa mesa. Vamos

a comer.

Luis: Sí, a mí me gustaría probar distintos sabores.

Anabel: Y a mí pedir un helado especial.

Translation.

Luis and Anabel are at Cristina's party.

Anabel: Hello Luis, how are you?

Luis: Fine, and you?

Anabel: Very good, thank you.

Luis: The party is fun, right?

Anabel: Yes, very fun. Everyone is enjoying it.

Anabel: Yes, look at the cake. It is very pretty.

Luis: Yes, it is very colorful.

Anabel: And look how many ice creams there are on that table. Let's eat.

Luis: Yes, I would like to try different flavors.

Anabel: And I would like to order a special ice cream.

Vocabulary Related to Ice Cream Shops.

- Helado (S) / Ice Cream (S)
- Sabores De Helados / Ice Cream Flavors
- Helado Especial / Special Ice Cream

Chapter 5

How to Ask Questions in Spanish?

Various sentence structures can be used to ask questions in Spanish. You can start the question with the subject.

- ¿Luis come pizza? / Does Luis eat pizza?
- ¿David estudia en la escuela? / Does David study at school?
- ¿Carolina come en el restaurante todos los días? / Carolina eats at the restaurant every day
- ¿Luisa canta en el coro? / Does Luisa sing in the choir?
- ¿Miguel corre en las competencias? / Does Miguel run in competitions?
- ¿Beatriz cocina con su mamá? / Does Beatriz cook with her mother?

- ¿Mari va al parque con su familia? / Does Mari go to the park with her family?
- ¿Nancy ahorra para su futuro? / Does Nancy save for her future?
- ¿Manuel ayuda a sus padres? / Does Manuel help his parents?
- ¿Viviana juega con sus hermanitos? / Does Viviana play with her little brothers?
- ¿Mario ayuda a su papá? / Does Mario help his dad?
- ¿Nelson arregla su carro? / Does Nelson fix his car?
- ¿Carlos vive en la ciudad? / Does Carlos live in the city?
- ¿Benjamín trabaja en la capital? / Does Benjamin work in the capital?
- ¿Mario nada en la piscina? / Does Mario swim in the pool?
- ¿Carmen cuida a sus abuelos? / Does Carmen take care of her grandparents?
- ¿Luisa limpia la casa de su mamá? / Does Luisa clean her mom's house?
- ¿Nancy enseña idiomas? / Does Nancy teach languages?
- ¿Pablo ordena los libros? / Does Pablo put the books in order?
- ¿Pedro usa la computadora? / Does Pedro use the

computer?
- ¿Gabriel tiene muchos libros? / Does Gabriel have many books?

You can start with the main verb, implying the subject of the sentence.

- ¿Imprimes tus tareas en casa? / Do you print your assignments at home?
- ¿Lees en la biblioteca? / Do you read in the library?
- ¿Compartes tu almuerzo con tu amiga? / Do you share your lunch with your friend?
- ¿Vives en la ciudad? / Do you live in the city?
- ¿Cocinas para tu familia? / Do you cook for your family?
- ¿Ayudas a tus padres? / Do you help your parents?
- ¿Haces ejercicios en las mañanas? / Do you exercise in the mornings?
- ¿Comes bien? / Do you eat well?
- ¿Llevas a tus hermanitos a la escuela? / Do you take your little brothers to school?
- ¿Colaboras con tu familia? / Do you collaborate with your family?

- ¿Limpias tu casa? / Do you clean your house?
- ¿Nadas en la playa o en la piscina? / Do you swim at the beach or in the pool?
- ¿Vas a la universidad? / Do you attend college?
- ¿Visitas a tus abuelos? / Do you visit your grandparents?
- ¿Obtienes buenas calificaciones en la escuela? / Do you get good grades in school?
- ¿Cuidas a tu familia? / Do you take care of your family?
- ¿Ordenas tus juguetes? / Do you put your toys in order?
- ¿Vas al cine con tus amigos? / Do you go to the movies with your friends?
- ¿Comes pastel en las fiestas? / Do you eat cake at parties?
- ¿Usas tu teléfono? / Do you use your phone?
- ¿Manejas tu carro? / Do you drive your car?
- ¿Tienes muchos cuadernos? / Do you have many notebooks?
- ¿Hablas otros idiomas? / Do you speak other languages?
- ¿Conoces muchos países? / Do you know many countries?

start with a question word. These are:

- ¿qué? / what?
- ¿dónde? / where?
- ¿cómo? / how?
- ¿quién? / who?
- ¿cuándo? /when?
- ¿por qué? /why?
- ¿cuál? /which?
- ¿cuánto? / ¿cuántos? /how much/ how many?
- ¿A qué hora/distancia? / At what time/how far?
- ¿Qué te gusta desayunar los fines de semana? / What do you like for breakfast on the weekends?
- ¿Qué hace Luis en la escuela? / What does Luis do at school?
- ¿Qué es eso? / What's that?
- ¿Qué deporte practicas durante la semana? / What sport do you practice during the week?
- ¿Qué estudia tu hermano? /What does your brother study?
- ¿Qué materia es interesante en tu opinión? / What subject is interesting in your opinion?
- ¿Qué tipo de libros lees en la universidad? / What type of books do you read at university?
- ¿Qué carrera estudias? / What carreer do you study?
- ¿Qué tipo de frutas comes? / What kind of fruits

do you eat?
- ¿Qué comidas prefieres? / What types of food do you prefer?
- ¿Dónde te gusta desayunar los fines de semana? /Where do you like to have breakfast on the weekends?
- ¿Dónde vives? /Where do you live?
- ¿Dónde quieres estudiar? /Where do you want to study?
- ¿Dónde queda la biblioteca? /Where is the library?
- ¿Dónde estudias? /Where do you study?
- ¿Dónde están tus amigos? /Where are your friends?
- ¿Dónde quieres disfrutar tus vacaciones? /Where do you want to enjoy your vacation?
- ¿Dónde encontraste al perro? / Where did you find the dog?
- ¿Dónde es la competencia? /Where is the sports competition?
- ¿Dónde almuerzas todos los días? / Where do you have lunch every day?
- ¿Cómo prefieres tu desayuno?/ How do you prefer your breakfast?
- ¿Cómo vas a tus clases? / How do you go to your classes?
- ¿Cómo haces tus tareas? / How do you do your

homework?
- ¿Cómo arreglas tu computadora? / How do you fix your computer?
- ¿Cómo trabajas? / How do you work?
- ¿Cómo es tu familia? / How is your family?
- ¿Cómo vas a tus vacaciones? / How do you go to your vacation?
- ¿Cómo limpias tu casa? / How do you clean your house?
- ¿Cómo ayudas a tu familia? / How do you help your family?
- ¿Cómo cocinas para tus padres? / How do you cook for your parents?
- ¿Quién va contigo a desayunar los fines de semana? / Who goes with you for breakfast on the weekends?
- ¿Quién es tu mejor compañero de clases? / Who is your best classmate?
- ¿Quién te ayuda en casa? / Who helps you at home?
- ¿Quién come contigo el almuerzo? / Who eats lunch with you?
- ¿Quién te visitó en navidad? / Who visited you at Christmas?
- ¿Quién celebró con tus amigos el fin de semana? / Who celebrated with your friends over the weekend?

- ¿Quién compró los mejores regalos? / Who bought the best gifts?
- ¿Quién sabe preparar los platos más deliciosos? / Who knows how to prepare the most delicious dishes?
- ¿Quién comparte con tu familia los domingos? / Who shares with your family on Sundays?
- ¿Quién es tu profesora de Historia? / Who is your history teacher?
- ¿Cuándo desayunas con tu familia? / When do you have breakfast with your family?
- ¿Cuándo visitas a tus hermanos? / When do you visit your brothers?
- ¿Cuándo viajan Carolina y Juan? / When do Carolina and Juan travel?
- ¿Cuándo lees tus libros favoritos? / When do you read your favorite books?
- ¿Cuándo acompañas a tu hermanito a su consulta médica? / When do you accompany your little brother to his medical consultation?
- ¿Cuándo es tu cumpleaños? / When is your birthday?
- ¿Cuándo trabajaste en ese lugar? / When did you work in that place?
- ¿Cuándo diste clases? / When did you teach?
- ¿Cuándo encontraste a tu perrito? / When did you find your puppy?

- ¿Cuándo es el cumpleaños de Susana? / When is Susan's birthday?
- ¿Por qué desayunas en ese restaurante? / Why are you having breakfast at that restaurant?
- ¿Por qué no comprendes las lecciones de ese idioma? / Why don't you understand the lessons of that language?
- ¿Por qué estás preocupado? / Why are you worried?
- ¿Por qué vas por esa calle? / Why are do you go down that street?
- ¿Por qué estudias esa carrera? / Why do you study that career?
- ¿Por qué nadas en la playa a esta hora? / Why are you swimming at the beach at this hour?
- ¿Por qué no vas a tus clases de canto? / Why don't you go to your singing classes?
- ¿Por qué Carlos no te acompaña? / Why doesn't Carlos accompany you?
- ¿Por qué no viajas con tu familia? / Why don't you travel with your family?
- ¿Por qué usas esos lentes? / Why do you wear those glasses?
- ¿Cuál es tu comida favorita? / What is your favorite food?
- ¿Cuál es el estilo de ropa preferido por tu mamá? / What is your mother's favorite style of clothing?

- ¿Cuál es la vía para ir a visitarte? / What is the way to visit you?
- ¿Cuál es el día de tu cumpleaños? / What is the day of your birthday?
- ¿Cuál es tu opinión para hacer este trabajo? / What is your opinion to do this job?
- ¿Cuál es la forma de inscribirse en la universidad? / What is the way to enroll in the university?
- ¿Cuál es tu mascota favorita? / What is your favorite pet?
- ¿Cuál es la autopista que se debe tomar para llegar al parque? / What is the highway to take to get to the park?
- ¿Cuál es tu apellido? / What is your last name?
- ¿Cuál es la opinión de tu maestra? / What is your teacher's opinion?
- ¿Cuánto tiempo te toma desayunar? / How long does it take you to have breakfast?
- ¿Cuánto dinero necesitas? / How much money do you need?
- ¿A qué hora te gusta desayunar? / What time do you like to have breakfast?
- ¿A qué hora es tu clase de inglés? / What time is your English class?
- ¿A qué hora visitas a tu familia? / What time do you visit your family?

Chapter 6

Sentence Structure

The structure of a sentence in Spanish is very simple, since its very similar to that of the English language. Let's see.

Sentence structure/ Estructura de la oración

Sujeto+verbo+complemento/Subject+verb + complement

Subject (this can be a noun or a pronoun of the subject of the sentence)

Verb: must be conjugated according to the tense of the sentence.

It is important to know the different conjugations of the verbs according to the verb tenses. In Spanish there are indicative and subjunctive modes. Through the indicative mood we express generally realistic actions.

Let's see how the conjugation of verbs are in the indicative mood.

. . .

There are different verb tenses:

Simple Present: Indicates Habits / Routines

It is necessary to follow this structure to form sentences in the affirmative way:

Sujeto+verbo+complemento/Subject+verb+complement.

For Example- Por Ejemplo

- Mari come pasta los viernes / Mari eats pasta on Fridays.
- Daniel y Gabriel visitan a sus padres en la mañana. / Daniel and Gabriel visit their parents in the morning.
- Clara asiste a conciertos. / Clara attends concerts.
- Los estudiantes quieren comer en la escuela. / Students want to eat at school.
- Mariana va de paseo y toma fotografías. / Mariana goes for a walk and takes pictures.
- Viviana estudia mucho en la biblioteca. / Viviana studies a lot in the library.
- Rosa trabaja en las mañanas. / Rosa works in the mornings.

- Pedro comprende muy bien sus clases. / Pedro understands his classes very well.
- Sofía camina mucho en el parque. / Sofia walks a lot in the park.
- In negative: It's necessary to add "no" before the main verb
- Sujeto+no+verbo+complemento/Subject+no+verb+complement.
- Mari no come pasta los viernes. / Mari doesn't eat pasta on Fridays.
- Daniel y Gabriel no visitan a sus padres en la mañana. / Daniel and Gabriel don't visit their parents in the morning.
- Clara no asiste a conciertos. / Clara does not attend concerts.
- Los estudiantes no quieren comer en la escuela. / Students do not want to eat at school.
- Mariana no va de paseo ni toma fotografías. / Mariana does not go for a walk or takes pictures.
- Viviana no estudia mucho en la biblioteca. / Viviana does not study a lot in the library.
- Rosa no trabaja en las mañanas. / Rosa does not work in the mornings.
- Pedro no comprende muy bien sus clases / Pedro understands his classes very well.
- Sofía camina mucho en el parque / Sofia walks a lot in the park

Chapter 7

Nouns & Possessive Pronouns

In Spanish, nouns have genders. They can either be feminine or masculine, much like French. Let's see what they are.

Masculine Nouns

- Automóvil / Car
- Avión / Airplane
- Tren / Train
- Metro / Subway
- Camión / Truck
- Lápiz / Pencil
- Barco / Ship
- Teléfono / Telephone

- Papel / Paper
- Micrófono / Microphone
- Marcador / Marker

Femenine Nouns

- Computadora / Computer
- Silla / Chair
- Mesa / Table
- Escuela / School
- Universidad / University
- Calle / Street
- Avenida / Avenue
- Comida / Food
- Cocina / Kitchen
- Casa / House
- Chaqueta / Jacket

Definite Articles.

These can be masculine or feminine and at the same time, singular and plural.

el (masculine / singular)
la (feminine / singular)
los (masculine / plural)
las (feminine / plural)

Examples with Masculine / Singular

- El automóvil azul no es mío. / The blue car is not mine.
- El avión es grande. / The plane is big.
- El tren no es muy rápido. / The train is not very fast.
- El metro de la ciudad es nuevo. / The city's subway is new.

Examples with Feminine / Singular

- La computadora es muy bonita. / The computer is very pretty.
- La silla es muy alta. / The chair is very high.
- La mesa es redonda. / The table is round.
- La escuela no es muy grande. / The school is not very big.

Examples in Masculine/Plurals

- Los días son muy fríos en esta ciudad. / The days are very cold in this city.
- Los libros de la biblioteca son muy interesantes. / The library books are very interesting.
- Los aviones están todos muy cerca. / The planes are all very close.
- Los teléfonos de esta tienda son muy bonitos. / The phones in this store are very nice.

Let's Practice -Vamos a Practicar
Read the story. Underline the definite articles.

Cada mañana Julia va a estudiar a la biblioteca más cercana a su casa. Mientras estudia, la encargada de attiende al público está muy motivada a apoyar a todos, y busca cada libro que le solicitan. Julia se siente muy feliz cuando lee los libros de literatura fascinantes que encuentra en la biblioteca. Momentos más tarde, llegan los demás lectores. Julia siempre llega temprano a la biblioteca para seleccionar rápido el material que lee, incluso las revistas más actuales están en la biblioteca, la mesa donde lee permanece llena de estas y todos los libros que ella selecciona desde un principio. Julia es una feliz lectora.

nslation.

Every morning Julia goes to study at the library closest to her home. While studying, the person in charge of attending to the public is very motivated to help everyone, and looks for each book that they request. Julia is very happy when she reads the fascinating literature books that she finds in the library. Moments later, the other readers arrive. Julia always arrives early at the library to quickly select the material she will read. Even the most current magazines are in the library. The table where she reads remains full of these and all the books that she selects from the beginning. Julia is a happy reader.

Indefinite articles.

The indefinite articles describe an unspecified noun. Such as a random person or object.

There are singular and plural definite articles.

Singular:

- un (masculine/singular)
- una (feminine/singular)

Plural:

- unos (masculine/singular)
- unas (feminine/plural)

Examples with Masculine/Singular

Yo tengo un abrigo muy bonito. / I have a very nice coat.
Luis compra un jugo de naranja en el cafetín todos los días. / Luis buys an orange juice in the cafeteria every day.
Los niños tienen un perro muy grande. / The children have a very big dog.

Examples with Feminine/Singular

Siempre veo desde la ventana una casa muy bonita. / I always see a very nice house from the window.
Carlos gana una medalla cada vez que participa en las competencias. / Carlos wins a medal every time he participates in competitions.
Compremos una carpeta antes de la clase. / Let's buy a folder before class.

Let's Practice -Vamos a Practicar
Complete the sentences with the appropriate

article.

Note: In this exercise translations are just a reference. There is language difference.

Nancy tiene _____ carro muy bonito / Nancy has _____ very nice car.
John trae _____ fruta cada vez que viene a clases / John brings _____ fruits every time he comes to class.
Mari prepara _____ cena al llegar a casa / Mari prepares _____ dinner when she gets home.
Los niños siempre quieren visitar _____ parque / Children always want to visit _____ park.
¿Puedes compartir _____ libros conmigo? / Can you share _____ books with me?
Carlos limpia _____ casa de su mamá / Carlos cleans _____ his mother's house.
¿Quieres ver _____ cuadernos que tengo? / Do you want to see _____ notebooks that I have?
Lisa no tiene _____ teléfono bonito / Lisa doesn't have a _____ nice phone.

Possessive Pronouns

They are pronouns that indicate possession within a sentence. How are they used with personal pronouns or subject nouns?

Pronombres Posesivos

- Yo mío(singular)-míos (plural) / mine
- Tú tuyo(singular)-tuyos (plural) / yours
- Él suyo(singular)-suyos (plural) / his
- Ella suyo (singular)-suyos (plural) / hers
- Usted suyo (singular)-suyos (plural) / yours
- Nosotros nuestro (singular) nuestros (plural) / ours
- Ustedes suyo (singular) suyos (plural) / yours
- Ellos suyo (singular) suyos (plural) / theirs
- Ellas suyo (singular) suyos (plural) / theirs

*Note: All of the possessive pronouns can be in feminine; ending in "a".

Sometimes you can see these pronouns in sentences accompanied by definite articles such as "el", "la", "los", "las" to indicate more specifically what is being talked about. On the other hand, they can also be preceded by the verb "ser" and demonstrative pronouns.

Let's make sentences with them:

Estos zapatos son míos. / These shoes are mine.
Aquellos libros son los tuyos. / Those books are yours.
Mis hermanos saben que aquellos lentes son suyos. / My

brothers know that those glasses are theirs.

Las casas más limpias son las nuestras. / The cleanest houses are ours.

Carolina sabe que esos cuadernos son míos. / Carolina knows that those notebooks are mine.

Benjamín dice que estas llaves son suyas. / Benjamin says these keys are his.

Carlos dice que los cuentos son míos / Carlos says that the stories are mine.

Daniel no compra con su dinero, compra con el mío. / Daniel doesn't buy with his money, he buys with mine.

Gabriel no estudia con sus libros. Estudia con los míos/ Gabriel doesn't study with his books. He studies with mine.

Susana no conoce otras historias. Solo conoce las suyas/ Susana does not know other stories. She only knows her own.

Raquel dice que estos lápices son los suyos. / Raquel says that these pencils are hers.

Nancy asume que siempre la mejor ayuda es la suya. / Nancy assumes that the best help is always hers.

Viviana está feliz porque las mejores pinturas son las suyas. / Viviana is happy, because the best paintings are hers.

Let's Practice -Vamos a Practicar

Read the story and underline the possessive pronouns.

Carlita siempre disfruta ir a la playa con su familia, es una niña muy feliz.

Estando en la playa, se encuentra a unas niñas compañeras de clase de la escuela. Sus nombres son Rebeca y Lili. Rebeca y Lili tienen muchos juguetes de playa, y los comparten con Carlita, jugando.

Rebeca: Hola Carlita y Lili, ¿cómo están?

Carlita: Muy bien, amiguita, ¿y tú?

Lili: Hola amigas, vamos a jugar. Tengo muchísimos juguetes de playa.

Carlita: Sí, ¡qué chévere!

Lili: Rebeca, ¿cuáles te gustan más, los míos o los de Carlita?

Rebeca: Me gustan los tuyos, pero los de ella también.

Carlita: Sí, gracias, Rebeca. Todos nuestros juguetes son muy bonitos y apropiados para jugar aquí en la playa.

Lili: Bueno, entonces vamos a jugar. Miren, tengo estas pelotas y muchas cosas de niñas. Jugar en la playa con todos estos juguetes es muy divertido.

Carlita: Sí, amigas, me estoy divirtiendo mucho con todos estos juguetes tan bonitos, y también con los míos.

Translation.

Carlita always enjoys going to the beach with her family. She is a very happy girl.

While at the beach, she meets some girls, who are her

classmates from school. Their names are Rebecca and Lili. Rebeca and Lili have many beach toys, and they share them with Carlita.

Rebeca: Hello Carlita and Lili. How are you?

Carlita: Very good, little friend, and you?

Lili: Hello friends, let's play. I have lots of beach toys.

Carlita: Yes, how cool!

Lili: Rebeca, which ones do you like more, mine or Carlita's?

Rebeca: I like yours, but hers, too.

Carlita: Yes, thank you, Rebeca. All our toys are very nice and appropriate to play with here on the beach.

Lili: Well then let's play. Look, I have these balls and a lot of girly things. Playing on the beach with all these toys is so much fun.

Carlita: Yes, friends, I am having a lot of fun with all these beautiful toys, and also with mine.

Write 5 sentences with the vocabulary related with possessive pronuns:

Sample answer: Mi mamá no tiene sus llaves, tiene las mías.

Chapter 8

Adjectives

Adjectives

These are words that describe any noun or situation. These can also be masculine or feminine.

Some male adjectives:

- Bonito / Nice
- Caro / Expensive
- Barato / Cheap
- Bueno / Good
- Malo / Bad
- Limpio / Clean

The same adjectives can be expressed as female adjectives:

- Bonita / Nice
- Cara / Expensive
- Barata / Cheap
- Buena / Good
- Mala / Bad
- Limpia / Clean

Let's Practice -Vamos a Practicar

Choose 4 adjectives and make sentences following the formula presented here:

Subject + verb + complement

_____
_____
_____
_____

Possessive adjectives

Possessive adjectives describe any noun in terms of possession.

Examples:

- mi (singular)/ mis (plural)
- tu (singular) / tus (plural)

- su (singular) / tus (plural)
- nuestro (a) (singular) / nuestros (as) (plural)
- su (singular)/ su (s) (plural)

Pronombre personal-----adjetivo posesivo------sustantivo
Personal pronoun ----- possessive adjective ------ noun
Singular/ plural

- Yo mi / mis casa (s)
- Tú tu/ tus casa (s)
- Él su/ sus casa (s)
- Ella su/ sus casa (s)
- Usted su/ sus casa (s)
- Nosotros nuestro (a)/nuestros (a) casa (s)
- Nosotras nuestro (a)/nuestros (a) casa (s)
- Ustedes su/sus casa (s)
- Ellos su/sus casa (s)
- Ellas su/ sus casa (s)

Let's Practice -Vamos a Practicar

Underline the possessive adjectives in the following story.

Lili Y Juliana están en el parque y tienen una conversación:

Lili: Hola Juliana, ¿cómo estás?

Juliana: Muy bien, Lili ¿Y tú?

Lili: Bien, gracias.

Juliana: Oye, Lili. Me gustan mucho tus zapatos ¿Son nuevos?

Lili: Sí, Juliana, mis zapatos son nuevos.

Juliana: Oh, ¡qué bueno! Me gusta mucho ir de compras. Cerca de mi casa hay un centro comercial. Mi mamá siempre me lleva a dar un paseo alla.

Lili: ¡Interesante! Cerca de mi casa no hay tiendas. Si quiero ir de tiendas, debo ir a la casa de mis primos.

Juliana: Entiendo, ¿Y te gusta ir a los centros comerciales de otras ciudades?

Lili: Sí, me gusta mucho. Amo ir de paseo alla.

Juliana: Yo recuerdo que siempre mi familia y yo vamos también a muchos restaurantes.

Lili: ¡Oh!, que lindo.

Juliana: Chao, Lili.

Lili: Chao, Juliana.

Translation

Lili and Juliana are in the park and are having a conversation:

Lili: Hi Juliana. How are you?

Juliana: Very good, Lili. And you?

Lili: Good, thank you.

Juliana: Hey, Lili. I really like your shoes. Are they new?

Lili: Yes, Juliana, my shoes are new.

Juliana: Oh, how good! I like going shopping a lot. There is a shopping center near my house. My mom always takes me for a walk there.

Lili: Interesting! There are no shops near my house. If I want to go shopping, I have to go to my cousins' house.

Juliana: I understand, and do you like going to the malls in other cities?

Lili: Yes, I really like it. I love going for a walk there.

Juliana: I remember that my family and I always go to many restaurants as well.

Lili: Oh, how nice.

Juliana: Bye, Lili.

Lili: Bye, Juliana.

Let's Practice -Vamos a Practicar

Read the story. Underline Personal pronouns, verbs, adjectives, questions, negative sentences.

Beatriz y Susana trabajan en una pizzería. Les encanta ayudar a los clientes del restaurant y conversar con los que van allí siempre. Entre los que siempre asisten hay un grupo de amigos que tocan muchos instrumentos en diferentes estilos musicales.

Beatriz: ¡Hola! ¿Cómo están? ¿Vienen de nuevo a comer, o a tocar música?

Integrantes del grupo musical: Venimos a ambas, Beatriz. A comer y tocar música.

Susana: ¡Oh! Eso es maravilloso. Queremos escuchar sus canciones.

Integrantes del grupo musical: Ok, entonces vamos a comenzar a cantar y tocar nuestros instrumentos.

Beatriz: ¡Sí! Muchas gracias.

Susana: Mientras trabajamos, escuchamos música.

Beatriz: Espera, Susana. Voy a traer mi teléfono para tomar muchas fotografías.

Susana: Ok, Beatriz. Me parece muy interesante.

Beatriz: ¿Quieres tomarte fotografías con los integrantes del grupo musical?

Susana: Sí, me parece muy bien.

Integrantes del grupo musical: Muchachos, vamos a cantar una canción típica de esta ciudad.

Beatriz: ¿Conoces alguna canción de aquí?

Integrantes del grupo musical: Sí, conocemos muchas.

Susana: Oh, yo no conozco canciones de aquí. Soy nueva en la ciudad.

Beatriz: Vamos, Susana. Yo te puedo decir algunas canciones.

Susana: Oh, muchas gracias, Beatriz. Eres muy buena amiga.

Mientras el grupo musical canta y toca los instrumentos,

Beatriz y Susana trabajan y disfrutan de un ambiente musical muy bonito.

Translation

Beatriz and Susana work in a pizzeria. They love helping restaurant customers and chatting with those who always go there. Among those who always attend there is a group of friends, who play many instruments in different musical styles.

Beatriz: Hello! How are you? Are you coming back to eat, or to play music?

Members of the musical group: Both, Beatriz. To eat and play music.

Susana: Oh! That's wonderful. We want to hear your songs.

Members of the musical group: Ok, so let's start singing and playing our instruments.

Beatriz: Yes! Thanks a lot.

Susana: While we work, we listen to music.

Beatriz: Wait, Susana. I will bring my phone to take a lot of pictures.

Susana: Ok, Beatriz. I find it very interesting.

Beatriz: Do you want to take pictures with the members of the musical group?

Susana: Yes, I think it's very good.

Members of the musical group: Boys, we are going to sing a typical song of this city.

Beatriz: Do you know any song from here?

Members of the musical group: Yes, we know many.

Susana: Oh, I don't know songs from here. I am new in town.

Beatriz: Come on, Susana. I can tell you some songs.

Susana: Oh, thank you very much, Beatriz. You are a very good friend.

While the musical group sings and plays the instruments, Beatriz and Susana work and enjoy a very beautiful musical atmosphere.

Chapter 9

Conjugating Verbs

In Spanish there are regular verbs, whose endings are "ar", "er" "ir". Regular verbs are those whose root remains the same when conjugated.

"ar"

Caminar / To walk

- Yo camino / I walk
- Tú caminas / You walk
- Él camina / He walks
- Ella camina / She walks
- Usted camina / You walk
- Nosotros caminamos / We walk (m, or m/ f)

- Nosotras caminamos / We walk (f)
- Ustedes caminan / You walk
- Ellos caminan / They walk (m)
- Ellas caminan / They walk (f)

Buscar / To look for

- Yo busco / I look for
- Tú buscas / You look for
- Él busca / He looks for
- Ella busca / She looks for
- Nosotros buscamos / We look for (m, or m/f)
- Nosotras buscamos / We look for (f)
- Ustedes buscan / You look for
- Ellos buscan / They look for (m, or m/f)
- Ellas buscan / They look for (f)

Admirar / To admire

- Yo admiro / I admire
- Tú admiras / You admire
- Él admira / He admires
- Ella admira / She admires

- Usted admira / You admire
- Nosotros admiramos / We admire (m, or m/f)
- Nosotras admiramos / We admire (f)
- Ustedes admiran / You admire
- Ellos admiran / They admire (m, or m/f)
- Ellas admiran / They admire (f)

Studying Regular Verbs Ending In "Er"?

<u>Comer</u> / <u>To eat</u>

- Yo como / I eat
- Tú comes / You eat
- Él come / He eats
- Ella come / She eats
- Usted come / You eat
- Nosotros comemos / We eat (m, or m/f)
- Nosotras comemos / We eat (f)
- Ustedes comen / You eat
- Ellos comen / They eat (m, or m/f)
- Ellas comen / They eat (f)

<u>Comprender</u> / <u>To comprehend</u>

Spanish for Beginners

- Yo comprendo / I comprehend
- Tú comprendes / You comprehend
- Él comprende / He comprehends
- Ella comprende / She comprehends
- Usted comprende / You comprehend
- Nosotros comprendemos / We comprehend (m, or
- m/f)
- Nosotras comprendemos / / We comprehend (f)
- Ustedes comprenden You comprehend
- Ellos comprenden / They comprehend (m, or m/f)
- Ellas comprenden / They comprehend (f)

Correr / To run

- Yo corro / I run
- Tú corres / You run
- Él corre / He runs
- Ella corre / She runs
- Usted corre / You run
- Nosotros corremos / We run (m, or m/f)
- Nosotras corremos / We run (f)
- Ustedes corren / You run
- Ellos corren / They run (m, or m/f)

- Ellas corren / They run (f)

For Example- Por Ejemplo

Now, let's see examples of regular verbs ending in "ir".

<u>Subir</u> / <u>To go up</u>

- Yo subo / I go up
- Tú subes / You go up
- Él sube / He goes up
- Ella sube / She goes up
- Usted sube / You go up
- Nosotros subimos / We go up (m, or m/f)
- Nosotras subimos / We go up (f)
- Ustedes suben / You go up
- Ellos suben / They go up (m, or m/f)
- Ellas suben / They go up (f)

<u>Imprimir</u> / <u>To print</u>

- Yo imprimo / I print

- Tú imprimes / You print
- Él imprime / He prints
- Ella imprime / She prints
- Usted imprime / You print
- Nosotros imprimimos / We print (m, or m/f)
- Nosotras imprimimos / We print (f)
- Ustedes imprimen / You print
- Ellos imprimen / They print (m, or m/f)
- Ellas imprimen / They print (f)

Let's Learn What the Complement in the Sentence is

Complement: accompanies subjects, verbs, objects, adverbs, or adjectives to further complete or emphasize the given sentence.

Adjective: describes any subject, activity, or situation within a sentence.

Adverb: describes the way in which actions are performed and also describes them based on different forms such as place, time, etc.

For Example- Por Ejemplo

Let's look at some examples of sentences in affirmative and negative form that follow the formula described above:

. . .

Subject+verb+complement.

Susan camina en las tardes. / Susan walks in the afternoons.
Susan no camina en las tardes. / Susan does not walk in the afternoons.
Jorge revisa los libros en la biblioteca. / Jorge checks the books in the library.
Jorge no revisa los libros en la biblioteca. / Jorge does not check the books in the library.
David admira los paisajes. / David admires the landscapes.
David no admira los paisajes. / David does not admire landscapes.
Lucy come pizza con sus amigas. / Lucy eats pizza with her friends.
Lucy no come pizza con sus amigas. / Lucy doesn't eat pizza with her friends.
Los jóvenes corren en el parque. / Young people run in the park.
Los jóvenes no corren en el parque. / Young people do not run in the park.
Nancy comprende muy bien la lección. / Nancy comprehends the lesson very well.
Nancy no comprende muy bien la lección. / Nancy does not comprehend the lesson very well.
Juan estudia muchos idiomas. / Juan studies many languages.
Juan no estudia muchos idiomas. / Juan does not study many languages.

Gabriel compra libros interesantes. / Gabriel buys interesting books.

Gabriel no compra libros interesantes. / Gabriel doesn't buy interesting books.

Luis asiste a la universidad. / Luis attends college.

Luis no asiste a la universidad. / Luis does not attend college.

Carla usa gafas. / Carla uses glasses.

Carla no usa lentes. / Carla doesn't wear glasses.

Manuel entiende muchas materias. / Manuel understands many subjects.

Manuel no entiende muchas materias. / Manuel does not understand many subjects.

Beatriz visita los parques en la ciudad. / Beatriz visits the parks in the city.

Beatriz no visita los parques en la ciudad. / Beatriz does not visit the parks in the city

El perrito come mucho/ The puppy eats a lot.

El perrito no come mucho/ The puppy does not eat a lot.

Alfredo tiene muchos amigos. / Alfredo has many friends.

Alfredo no tiene muchos amigos. / Alfredo doesn't have many friends.

Gabriela disfruta ir a la playa. / Gabriela enjoys going to the beach.

Gabriela no disfruta ir a la playa. / Gabriela does not enjoy going to the beach.

Carla trabaja en la oficina. / Carla works in the office.

Carla no trabaja en la oficina / Carla no trabaja en la oficina

The verb "to be" / "ser"

The verb "to be" in Spanish has two different meanings. One of them is "ser", and the other "estar". Let's see it in its "ser" form.

How is this verb conjugated?

- Yo soy / I am
- Tú eres / You are
- Él es / He is
- Ella es / She is
- Usted es / You are
- Nosotros somos / We are (m, or m/f)
- Nosotras somos / We are (f)
- Ustedes son / You are
- Ellos son / They are (m, or m/f)
- Ellas son / They are (f)

Note: (m) masculine

(f) feminine

This verb can be followed by adjectives (words that describe), family ties, time, possessions, express if it's late or early in the day/night, time, location, and situations.

. . .

For Example- Por Ejemplo

Liz es muy alta. / Liz is very tall.
Carlos es mi primo. / Carlos is my cousin.
Benjamín es mi papá. / Benjamin is my dad.
El carro azul es mío. / The blue car is mine.
La casa grande es de César. / The big house belongs to Caesar.
Ahora es muy tarde. / Now it's too late.
Ella es la primera paciente en llegar. / She is the first patient to arrive.
Esta es la segunda vez que vas de viaje. / This is the second time you go on a trip.

The sentences can also be negative.

Liz no es muy alta. / Liz is not very tall.
Carlos no es mi primo. / Carlos is not my cousin.
Benjamín no es mi papá. / Benjamin is not my dad.
El carro azul no es mío. / The blue car is not mine.
La casa grande no es de César. / The big house does not belong to Caesar.
Ahora no es muy tarde. / Now it's not too late.
Ella no es la primera paciente en llegar. / She is not the first patient to arrive.

Esta no es la segunda vez que vas de viaje. / This is not the second time you go on a trip.

Let's see some of the previous sentences in questions.

¿Liz es muy alta? / Is Liz very tall?
¿La casa grande es de César? / Does the big house belong to Caesar?
¿Ahora es muy tarde? / Is now too late?
¿Ella es la primera paciente en llegar? / Is she is the first patient to arrive?
¿Esta es la segunda vez que vas de viaje? / Is this the second time you go on a trip?

Let's Practice -Vamos a Practicar

Make sentences with the verb "ser" from the following expressions. Remember to follow the sentence structure.

Amable (kind)_____
honesto y responsable (honest and responsable)

_____

Tarde (late)_____

Temprano (early)_____

Mi familia (my family) _____

Luisa y sus amigas (Luisa and her friends) _____

entusiastas y generosos (enthusiastic and generous)

_____

Answer the questions. Use the verb "ser":

*¿Cómo es tu familia? / How is your family?

Sample answers:

- cariñosa / affectionate
- amable / kind
- buena / good

*¿Quién es tu papá? Who is your father?

Sample answers:

Benjamin

Joseph

Mario

*¿A qué hora es la clase? At what time is the class?

Sample answers:

- A las 8:00 am / At 8:00 am
- A las 2:00 pm / At 2:00 pm
- A las 4:00 pm / At 4:00 pm

*¿Quién es el mejor estudiante de la clase? / Who is the best student in the class?

Sample answers:
David
Carlos
Amanda

Past Simple

This tense expresses actions that have already occured.

Let's look at some examples.

Let's conjugate some regular verbs ending in "ar"

Pagar To pay

- Yo pagué
- Tú pagaste
- Él pagó
- Ella pagó
- Usted pagó
- Nosotros pagamos
- Nosotras pagamos
- Ustedes pagaron
- Ellos pagaron
- Ellas pagaron

Samples.

Luisa pagó el almuerzo de sus amigos en el restaurante. / Luisa paid for her friends' lunch at the restaurant.
Los estudiantes pagaron la mensualidad ayer. / The students paid the monthly payment yesterday.
Daniel pagó las entradas al concierto. / Daniel paid for the tickets to the concert.
Benjamín y Rosa pagaron mucho dinero en la tienda de ropa. / Benjamin and Rosa paid a lot of money at the clothing store.
Carlos pagó la cena familiar. / Carlos paid for the family dinner.

The verb: Tener

The verb "tener" means possession in Spanish and also an obligation to do something.

How is it conjugated?

- Yo tengo / I have
- Tú tienes / You have
- Él tiene / He has
- Ella tiene / She has
- Usted tiene / You have
- Nosotros tenemos / We have (m, or m/f)
- Nosotras tenemos / We have (f)
- Ustedes tienen / You have
- Ellos tienen / They have (m, or m/f)
- Ellas tienen / They have (f)

Let's see some sentences in which the verb means possession:

Carlos tiene un libro de actividades. / Carlos has an activity book.
Viviana tiene muchos cuadernos. / Viviana has many notebooks.
Diana tiene muchos zapatos. / Diana has many shoes.

Mari tiene muchas flores en su jardín. / Mari has many flowers in her garden.

Daniel no tiene muchos amigos. / Daniel doesn't have many friends.

Karla tiene una casa muy grande. / Karla has a very big house.

Mis padres tienen muchos carros. / My parents have many cars.

Susan tiene una familia muy grande. / Susan has a very big family.

Luis tiene varias computadoras. / Luis has several computers.

Benjamín tiene grandes ideas para trabajar. / Benjamin has great ideas to work with.

Este restaurante tiene buenos trabajadores. / This restaurant has good workers.

Nuestra ciudad tiene grandes monumentos. / Our city has great monuments.

Adrián tiene un carro muy bonito. / Adrián has a very nice car.

Graciela tiene muchos juguetes. / Graciela has many toys.

Mis primos tienen mucha ropa. / My cousins have a lot of clothes.

Carolina no tiene una familia pequeña. / Carolina doesn't have a small family.

Luisa tiene unos zapatos muy bonitos. / Luisa has very nice shoes.

Mi abuela tiene un gran jardín en su casa. / My grandmother has a big garden in her house.
Mari no tiene un perro. / Mari doesn't have a dog.
Joel tiene muchas computadoras. / Joel has a lot of computers.

Now, let'see how this verb is used as an obligation. The formula goes as follows: "tener que" + verb in infinitive "ar", "er", "ir".

Yo tengo que estudiar mucho. / I have to study a lot.
Los estudiantes tienen que realizar un buen trabajo de investigación. / Students have to do good research work.
Carlos y Julieta tienen que limpiar su casa. / Carlos and Julieta have to clean their house.
Mi mamá tiene que cocinar mucho. / My mom has to cook a lot.
Los niños tienen que ayudar a sus padres. / Children have to help their parents.
Lili tiene que fijarse metas. / Lili has to set goals.
Nancy tiene que venir a la escuela. / Nancy has to come to school.
Benjamín tiene que cuidar a su hermana. / Benjamin has to take care of his sister.

David tiene que arreglar el carro de su papá. / David has to fix his dad's car.

Carmen tiene que llegar temprano a la oficina. / Carmen has to get to the office early.

Carolina tiene que comprar ropa a su mamá. / Carolina has to buy clothes for her mother.

Juan tiene que ayudar a sus hijos. / Juan has to help his children.

Sofía tiene que aprender muchos idiomas. / Sofia has to learn many languages.

Marta tiene que comprender bien la lección. / Marta has to understand the lesson well.

Mari tiene que investigar en muchos libros. / Mari has to do research in many books.

Daniela tiene que cuidar a su niño. / Daniela has to take care of her child.

Cindy tiene que leer muchos libros. / Cindy has to read a lot of books.

Benjamín tiene que escribir muchos ensayos. / Benjamin has to write many essays.

Laura tiene que buscar un nuevo empleo. / Laura has to look for a new job.

Jesús tiene que imprimir muchos papelas. / Jesus has to print a lot of papers.

Gabriel tiene que alimentar a sus mascotas. / Gabriel has to feed his pets.

Let's Practice -Vamos a Practicar

Look at the sentences above and write 5 sentences with "tener" and "tener que". Remember the appropiate formula to make sentences.

Julia y Daniel _____ un gato muy bonito / Julia and Daniel _____ a very nice cat

_____
_____
_____
_____

The verb "estar"

This verb is used to describe states of the weather, temporary moods of people, and describe situations or objects affected in some way by something or someone.

For Example- Por Ejemplo

Here are some examples in affirmative and negative:

El clima está frío. / The weather is cold. (state of weather)
El clima no está frío. / The weather is not cold.
Susan está asombrada. / Susan is amazed. (temporary mood)

Susan no está asombrada. /Susan is not amazed.

David está triste. / David is sad. (temporary mood)

David no está triste. / David is not sad.

La casa está sucia. / The house is dirty. (object affected by something)

La casa no está sucia. /The house is not dirty.

Los carros están estacionados. /The cars are parked.

Los carros no están estacionados. / The cars are not dirty.

La ropa está limpia. / The clothes are clean.

La ropa no está limpia. /The clothes are not clean.

Mis zapatos están nuevos. / My shoes are new.

Mis zapatos no están nuevos. / My shoes are not new.

Carolina está alegre. / Caroline is happy.

Carolina no está alegre. / Caroline is not happy.

Viviana está triste. / Viviana is sad.

Viviana no está triste. / Viviana is not sad.

Benjamín está listo para la foto. / Benjamin is ready for the photo.

Benjamín no está listo para la foto. / Benjamin is not ready for the photo.

Beatriz está contenta. / Beatrice is happy.

Beatriz no está contenta. / Beatrice is not happy.

La doctora está muy bien. / The doctor is very good.

La doctora no está muy bien. / The doctor is not very good.

Mis amigas están en la universidad. / My friends are in college.

Mis amigas no están en la universidad. / My friends are not in college.

Carlos está con sus padres. / Carlos is with his parents.

Carlos no está con sus padres. / Carlos is not with his parents.

Daniel y Lisa están asombrados. / Daniel and Lisa are amazed.

Daniel y Lisa no están asombrados. / Daniel and Lisa are not amazed.

Nancy está en el centro comercial. / Nancy is at the mall.

Nancy no está en el centro comercial. / Nancy is not at the mall.

Cindy está en la casa de sus tíos. / Cindy is at her uncle's house.

Cindy no está en la casa de sus tíos. / Cindy is not at her uncle's house.

El jardín está muy bien arreglado. / The garden is very well arranged.

El jardín no está muy bien arreglado. /The garden is not very well arranged.

Los árboles están muy grandes. / The trees are very big.

Los árboles no están muy grandes. /The tres are not very big.

Los niños están felices en la fiesta. / The children are happy at the party.

Los niños no están felices en la fiesta. / The children are not very happy.

Manuel está con su familia. / Manuel is with his family.

Manuel no está con su familia, / Manuel is not with his family.

Luisa y Mari están en otro país. / Luisa and Mari are in another country.

Luisa y Mari no están en otro país. / Luisa and Mari are not in another country.

Let's Practice -Vamos a Practicar

Practice.Read the story. Underline the verb "estar"

Carolina quiere visitar el mejor teatro de la ciudad, así que llama por teléfono a tres amigas para invitarlas. Una de ellas se llama Lilian, y la otra Flor.

Las tres amigas se encuentran en la heladería y deciden qué obra teatral ir a ver.

Carolina: Hola amigas. Vamanos al teatro a ver la obra de jóvenes.

Lilian: ¡Hola! Sí, estoy de acuerdo.

Flor: Es mi primera vez que voy al teatro.

Carolina: Antes de ir, vamos a llamar a nuestros compañeros para saber dónde están.

Flor: De acuerdo, Carolina. Aunque ellos medijeron que estarían todos estudiando para el examen de esta semana.

Lilian: Oh, sí, yo recuerdo.

Carolina: Sí, el profesor dijo que estaría en el salón de

profesores antes del examen, y podemos preguntarle si va a haber algún cambio.

Flor: ¡Oh!, ¿Cambio en qué sentido?

Carolina: No lo sé, Flor. Pienso que algún cambio de salón a la hora de presentar el examen.

Lilian: Chicas, muchas gracias por decirme todo eso. Estoy un poco preocupada, aunque estudié mucho.

Carolina y Flor: Excelente, Lilian. Entonces, si estudiaste, no te preocupes. Todo estará muy bien.

Lilian: Gracias, amigas.

Translation:

Carolina wants to visit the best theater in town, so she calls three friends to invite them along. One of them is called Lilian, and the other Flor.

The three friends meet at the ice cream parlor and decide which play to go see.

Caroline: Hello friends. Let us go to the theater to see the youth play.

Liliana: Hi! Yes, I agree.

Flor: It's my first time to go to the theater.

Carolina: Before we go, we are going to call our colleagues to find out where they are.

Flor: Okay, Caroline. Although they said that they would all be studying for this week's test.

Lilian: Oh yes, I remember.

Carolina: Yes, the professor said that he would be in the teachers' lounge before the exam, and we can ask him if there will be any changes.

Flor: Oh! Change in what sense?

Carolina: I don't know, Flor. I think that sometimes rooms change at the time of presenting the exam.

Lilian: Girls, thank you very much for telling me all that. I'm a little worried, even though I studied a lot.

Carolina and Flor: Excellent, Lilian. So, if you studied, don't worry. Everything will be fine.

Lilian: Thank you, friends.

Simple Past

Ganar To Win

- Yo gané
- Tú ganaste
- Él ganó
- Ella ganó
- Usted ganó
- Nosotros ganamos
- Nosotras ganamos
- Ustedes ganaron
- Ellos ganaron
- Ellas ganaron

For Example- Por Ejemplo

Él ganó un premio en la escuela. / He won an award at school.
Laura ganó la competencia. / Laura won the competition.
Carlos y Silvia ganaron muchos amigos en ese paseo. / Carlos and Silvia made a lot of friends on that walk.
Ustedes ganaron entradas para la obra teatral. / You guys won tickets to the play.

Estudiar / To study

- Yo estudié
- Tú estudiaste
- Él estudió
- Ella estudió
- Usted estudió
- Nosotros estudiamos
- Nosotras estudiamos
- Ustedes estudiamos
- Ellos estudiaron
- Ellas estudiaron

Mari estudió la lección. / Mari studied the lesson.
Gabriel estudió en otro país. / Gabriel studied in another country.
Luis y sus amigos estudiaron para el examen. / Luis and his friends studied for the exam.
Yo estudié una carrera muy interesante. / I studied a very interesting career.
Nosotros estudiamos mucho ayer para el examen. / We studied a lot yesterday for the exam.

Limpiar To clean

- Yo limpié
- Tú limpiaste
- Él limpió
- Ella limpió
- Usted limpió
- Nosotros limpiamos
- Nosotras limpiamos
- Ustedes limpiaron
- Ellos limpiaron
- Ellas limpiaron

For Example- Por Ejemplo

Beatriz limpió su casa muy bien. / Beatriz cleaned her house very well.
Nelson limpió la mesa antes de comer. / Nelson cleaned the table before eating.
Pedro y Carla limpiaron el salón de clases. / Pedro and Carla cleaned the classroom.
David limpió con su mamá / David cleaned with his mom.
Nancy limpió el escritorio de su maestra. / Nancy cleaned her teacher's desk.

Now, let's conjugate some verbs in past ending in "er"

Comer

- Yo comí
- Tú comiste
- Él comió
- Ella comió
- Usted comió
- Nosotros comimos
- Nosotras comimos
- Ustedes comieron
- Ellos comieron
- Ellas comieron

For Example- Por Ejemplo

Lilian y Nelson comieron pasta en el restaurante. / Lilian and Nelson ate pasta at the restaurant.
Laura comió ensalada en la noche. / Laura ate salad at night.
Benjamín comió sopa con sus amigos. / Benjamin ate soup with his friends.
Daniel y Susan comieron pollo. / Daniel and Susan ate chicken.

Mónica comió dulces en la fiesta. / Monica ate candy at the party.

Correr

- Yo corrí
- Tú corriste
- Él corrió
- Él corre
- Ella corrió
- Usted corrió
- Nosotros corrimos
- Nosotras corrimos
- Ustedes corrieron
- Ellos corrieron
- Ellas corrieron

For Example- Por Ejemplo

Karina y Juan corrieron en el parque. / Karina and Juan ran in the park.
Lucy corrió en la competencia. / Lucy ran in the competition.
Sergio corrió con su primo. / Sergio ran with his cousin.

Tú corriste muy rápido ayer. / You ran too fast yesterday.
Carolina corrió hacia la puerta del avión. / Carolina ran to the door of the plane.

Comprender / To comprehend

- Yo comprendí
- Tú comprendiste
- Él comprendió
- Ella comprendió
- Usted comprendió
- Nosotros comprendimos
- Nosotras comprendimos
- Ustedes comprendieron
- Ellos comprendieron
- Ellas comprendieron

Examples:

Laura comprendió muy bien la lección. / Laura understood the lesson very well.
Mari comprendió la explicación de Ana y Manuel. / Mari understood Ana and Manuel's explanation.
Los estudiantes comprendieron que deben llegar a tiempo. / The students understood that they must be on time.

Tú comprendiste todo lo que tu familia te dijo. / You understood everything your family told you.

Nosotros comprendimos a Nancy y Luisa. / We understood Nancy and Luisa.

Prometer / To promise

- Yo prometí
- Tú prometiste
- Él prometió
- Ella prometió
- Usted prometió
- Nosotros prometimos
- Nosotras prometimos
- Ustedes prometieron
- Ellos prometieron
- Ellas prometieron

For Example- Por Ejemplos

Los estudiantes prometieron llegar a tiempo a la clase. / The students promised to be on time for class.

Carolina nos prometió leernos un cuento. / Carolina promised to read us a story.

Tú prometiste estudiar mucho para el examen. / You promised to study hard for the exam.

Yo prometí traer los libros muy temprano al salón de clases. / I promised to bring the books to the classroom very early.

Practice. Fill in the blanks with the correct form of the verbs. Remember the conjugation of them.

Mónica _____ la cuenta en el restaurant (paga/pagó)

Beatriz _____ las lecciones la semana pasada (estudió/estudia)

Los sobrinos de Nancy _____ la casa muy bien antes de la fiesta (limpian/limpiaron)

Carlos _____ un premio en la competencia el mes pasado (gana/ganó)

Viviana _____ mucho en el parque todos los días (corre/corrió)

Nelson y sus amigos siempre _____ pasta en ese restaurante (comen/comieron)

Carla y Daniela _____ a sus profesores terminar sus tareas a tiempo (prometen/ prometieron)

_____

Let's conjugate some verb ending in "ir" in simple past perfect (past simple)

. . .

permitir to let/ to allow

- Yo permití
- Tú permitiste
- Él permitió
- Ella permitió
- Usted permitió
- Nosotros permitimos
- Nosotras permitimos
- Ustedes permitieron
- Ellos permitieron
- Ellas permitieron

For Example- Por Ejemplo

Verónica permitió a sus hermanos manejar su carro. / Veronica allowed her brothers to drive her car.
Juan y Susan le permitieron a Daniel ir de paseo. / Juan and Susan allowed Daniel to go for a walk.
Nosotros le permitimos a Daniela usar nuestra computadora. / We allowed Daniela to use our computer.
Carla le permitió a Manuel comer en su casa. / Carla allowed Manuel to eat at her house.
Yo te permití cuidar a mi mascota la semana pasada. / I allowed you to take care of my pet last week.

Abrir / to open

- Yo abrí
- Tú abriste
- Él abrió
- Ella abrió
- Usted abrió
- Nosotros abrimos
- Nosotras abrimos
- Ustedes abrimos
- Ellos abrieron
- Ellas abrieron

Examples:

Daniel abrió la ventana de su casa en la mañana / Daniel opened the window of his house in the morning.
Luisa abrió la carta que le envió su amiga desde otro país. / Luisa opened the letter that her friend sent her from another country.
Gabriel y Susana abrieron la puerta de la Universidad muy temprano. / Gabriel and Susana opened the door of the University very early.

Yo abrí las cajas de regalos en navidad. / I opened the gift boxes at Christmas.

Compartir

- Yo compartí
- Tú compartiste
- Él compartió
- Ella compartió
- Usted compartió
- Nosotros compartimos
- Nosotras compartimos
- Ustedes compartieron
- Ellos compartieron
- Ellas compartieron

For Example- Por Ejemplo

Karen compartió su almuerzo con los demás niños. / Karen shared her lunch with the other children.

Yo compartí mis servilletas en la mesa. / I shared my napkins on the table.

Luisa y Manuel compartieron buenos recuerdos con sus

amigos. / Luisa and Manuel shared good memories with their friends.

Los amigos de Daniela compartieron la torta de cumpleaños. / Daniela's friends shared the birthday cake.

La maestra compartió el material de clase con los niños. / The teacher shared the class material with the children.

Cubrir / to cover

- Yo cubrí
- Tú cubriste
- Él cubrió
- Ella cubrió
- Usted cubrió
- Nosotros cubrimos
- Nosotras cubrimos
- Ustedes cubrieron
- Ellos cubrieron
- Ellas cubrieron

Lilian cubrió la comida porque hacía frío. / Lilian covered the food, because it was cold.

Miguel y Luisa cubrieron a los gatitos. / Miguel and Luisa covered the kittens.

Yo cubrí las frutas. / I covered the fruit.

Tú cubriste a tus hijos porque llovía. / You covered your children, because it was raining

Alberto cubrió su ropa para que no se ensuciase. / Alberto covered his clothes, so they wouldn't get dirty.

Let's Practice -Vamos a Practicar

Write five sentences in simple present (you can use the verbs above)

_____
_____
_____
_____
_____

Write the same sentences in preterite (simple past)

_____
_____
_____

Let's Practice -Vamos a Practicar

Look at the sentences. Underline the verbs in preterite (simple past)

Ayer Mari limpió su casa. / Yesterday Mari cleaned her house.

Lucía no vino a clases. / Lucia did not come to class.

Mi tía Elena no disfrutó en el parque. / My aunt Elena did not enjoy in the park.

Laura y Luisa compraron muchos dulces. / Laura and Luisa bought a lot of sweets.

Mis padres fueron al cine. / My parents went to the movies.

Mariela y Jorge salieron de casa temprano. / Mariela and Jorge left home early.

Los estudiantes disfrutaron del paseo en la playa. / The students enjoyed the walk on the beach.

Susana abordó el vuelo a su ciudad preferida. / Susana boarded the flight to her favorite city.

Mis amigos hablaron muchos idiomas en su viaje. / My friends spoke many languages on their trip.

Manuel visitó los principales museos de Europa. / Manuel visited the main museums in Europe.

Luisa invitó a Carlos a la reunión. / Luisa invited Carlos to the meeting.

Nancy no quiso visitar a sus amigas ayer. / Nancy didn't want to visit her friends yesterday.

Cindy y Gabriela cerraron la ventana de la casa. / Cindy and Gabriela closed the window of the house.

Mi mascota no comió nada la semana pasada. / My pet didn't eat anything in the past week.

Brenda lavó la ropa de su familia. / Brenda washed her family's clothes.

Carolina cocinó muy bien con su familia. / Carolina cooked very well with her family.

Nelson abordó el vuelo a la capital. / Nelson boarded the flight to the capital.

Viviana cantó en el festival el año pasado. / Viviana sang at the festival last year.

Claudia no interpretó la lectura. / Claudia did not interpret the reading.

Flor sirvió los postres a sus hermanos. / Flor served desserts to her brothers.

Ana, Gabriel y Luisa comieron mucho en el festival. / Ana, Gabriel and Luisa ate a lot at the festival.

Manuel invitó a Karla a su celebración. / Manuel invited Karla to his celebration.

Daniel recitó muy bien el poema. / Daniel recited the poem very well.

Cindy escribió un libro maravilloso. / Cindy wrote a wonderful book.

Imperfect preterite

This tense denotes an action that occurred continuously in the past. The ending of the verbs when conjugated are "ía","ías", "ían","aba", "abas","aban". Let's look at some examples.

For Example- Por Ejemplo

"ar"

comprar

Yo compraba

Tú comprabas

Él compraba

Ella compraba

Usted compraba

Nosotros comprábamos

Nosotras comprábamos

Ustedes compraban

Ellos compraban

Ellas compraban

cocinar

Yo cocinaba

Tú cocinabas

Él cocinaba

Ella cocinaba

Usted cocinaba

Nosotros cocinábamos

Nosotras cocinábamos
Ustedes cocinaban
Ellos cocinaban
Ellas cocinaban

limpiar
Yo limpiaba
Tú limpiabas
Él limpiaba
Ella limpiaba
Usted limpiaba
Nosotros limpiábamos
Nosotras limpiábamos
Ustedes limpiaban
Ellos limpiaban
Ellas limpiaban

cuidar
Yo cuidaba
Tú cuidabas
Él cuidaba
Ella cuidaba
Usted cuidaba
Nosotros cuidábamos
Nosotras cuidábamos

Ellos cuidaban
Ellas cuidaban
Ustedes cuidaban

hablar
Yo hablaba
Tú hablabas
Él hablaba
Usted hablaba
Nosotros hablábamos
Nosotras hablabamos
Ellos hablaban
Ellas hablaban

caminar
Yo caminaba
Tú caminabas
Él caminaba
Usted caminaba
Nosotros caminábamos
Nosotras caminábamos
Ellos caminaban
Ellas caminaban
Ustedes caminaban

. . .

visitar
    Yo visitaba
    Tú visitabas
    Él visitaba
    Ella visitaba
    Nosotros visitábamos
    Nosotras visitábamos
    Ustedes visitaban
    Ellos visitaban
    Ellas visitaban

trabajar
    Yo trabajaba
    Tú trabajabas
    Él trabajaba
    Ella trabajaba
    Usted trabajaba
    Nosotros trabajábamos
    Nosotras trabajábamos
    Ustedes trabajaban
    Ellos trabajaban
    Ellas trabajaban

arreglar
    Yo arreglaba

Tú arreglabas

Él arreglaba

Ella arreglaba

Usted arreglaba

Nosotros arreglábamos

Nosotras arreglábamos

Ustedes arreglaban

Ellos arreglaban

Ellas arreglaban

examinar

Yo examinaba

Tú examinabas

Él examinaba

Ella examinaba

Usted examinaba

Nosotros examinábamos

Nosotras examinábamos

Ustedes examinaban

Ellos examinaban

Ellas examinaban

"er"

correr

Yo corría

Tú corrías
Él corría
Ella corría
Usted corría
Nosotros corríamos
Nosotras corríamos
Ustedes corrían
Ellos corrían
Ellas corrían

comer
Yo comía
Tú comías
Él comía
Ella comía
Usted comía
Nosotros comíamos
Nosotras comíamos
Ellos comían
Ellas comían
Ustedes comían

comprender
Yo comprendía
Tú comprendías

Él comprendía

Ella comprendía

Usted comprendía

Nosotros comprendíamos

Nosotras comprendíamos

Ustedes comprendían

Ellos comprendían

Ellas comprendían

Ustedes comprendían

deber

Yo debía

Tú debías

Él debía

Usted debía

Nosotros debíamos

Nosotras debíamos

Ustedes debían

Ellos debían

Ellas debían

Ustedes debían

saber

Yo sabía

Tú sabías

Él sabía
Ella sabía
Usted sabía
Nosotros sabíamos
Nosotras sabíamos
Ustedes sabían
Ellos sabían
Ellas sabían

suponer
Yo suponía
Tú suponías
Él suponía
Ella suponía
Usted suponía
Nosotros suponíamos
Nosotras suponíamos
Ustedes suponían
Ellos suponían
Ellas suponían

conocer
Yo conocía
Tú conocías
Él conocía

Ella conocía

Usted conocía

Nosotros conocíamos

Nosotras conocíamos

Ustedes conocían

Ellos conocían

Ellas conocían

depender

Yo dependía

Tú dependías

Él dependía

Ella dependía

Usted dependía

Nosotros dependíamos

Nosotras dependíamos

Ustedes dependían

Ellos dependían

Ellas dependían

mantener

Yo mantenía

Tú mantenías

Él mantenía

Ella mantenía

Usted mantenía
Nosotros manteníamos
Nosotras manteníamos
Ustedes mantenían
Ellos mantenían
Ellas mantenían

traer
Yo traía
Tú traías
Él traía
Ella traía
Usted traía
Nosotros traíamos
Nosotras traíamos
Ustedes traían
Ellos traían
Ellas traían

"ir"

compartir
Yo compartía
Tú compartías
Él compartía
Ella compartía

Usted compartía

Nosotros compartíamos

Nosotras compartíamos

Ustedes compartían

Ellos compartían

Ellas compartían

Ustedes compartían

permitir

Yo permitía

Tú permitías

Él permitía

Ella permitía

Usted permitía

Nosotros permitíamos

Nosotras permitíamos

Ustedes permitían

Ellos permitían

Ellas permitían

abrir

Yo abría

Tú abrías

Él abría

Ella abría

Usted abría
Nosotros abríamos
Nosotras abríamos
Ustedes abrían
Ellos abrían
Ellas abrían

acudir
Yo acudía
Tú acudías
Él acudía
Ella acudía
Usted acudía
Nosotros acudíamos
Nosotras acudíamos
Ustedes acudían
Ellos acudían
Ellas acudían

salir
Yo salía
Tú salías
Él salía
Ella salía
Usted salía

Nosotros salíamos

Nosotras salíamos

Ustedes salían

Ellos salían

Ellas salían

escribir

Yo escribía

Tú escribías

Él escribía

Ella escribía

Usted escribía

Nosotros escribíamos

Nosotras escribíamos

Ustedes escribían

Ellos escribían

Ellas escribían

subir

Yo subía

Tú subías

Él subía

Ella subía

Usted subía

Nosotros subíamos

Nosotras subíamos

Ustedes subían

Ellos subían

Ellas subían

describir

Yo describía

Tú describías

Él describía

Ella describía

Usted describía

Nosotros describíamos

Nosotras describíamos

Ustedes describían

Ellos describían

Ellas describían

cumplir

Yo cumplía

Tú cumplías

Él cumplía

Ella cumplía

Usted cumplía

Nosotros cumplíamos

Nosotras cumplíamos

Ustedes cumplían
Ellos cumplían
Ellas cumplían

decir
Yo decía
Tú decías
Él decía
Ella decía
Usted decía
Nosotros decíamos
Nosotras decíamos
Ustedes decían
Ellos decían
Ellas decían

Let's Practice -Vamos a Practicar

Make up questions with the verbs above. You can use information questions.

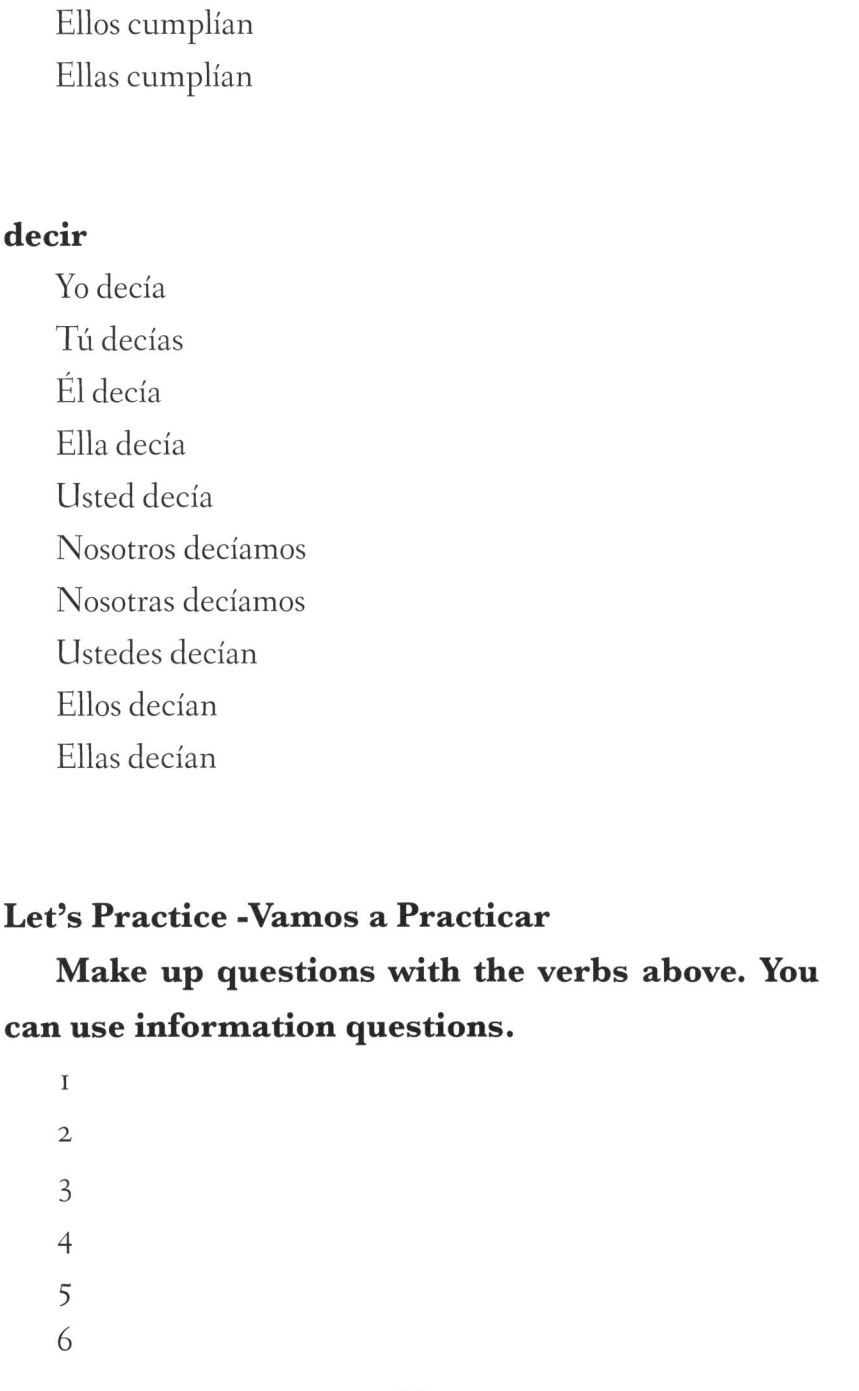

1
2
3
4
5
6

7
8
9
10

Let's Practice - Vamos a Practicar

Read the story and underline the verbs in imperfect preterite.

Los abuelos de Teresa hablaban miestras veían un programa muy interesante de televisión. El abuelo se llama Nelson y la abuela Josefina.

Abuelo Nelson: Oye, Josefina. Recuerdo la época en que éramos muy jóvenes y visitábamos a nuestros amigos para ver películas juntos. A ti te gustaba hacer pasapalos diversos y no salías de la cocina desde la mañana.

Abuela Josefina: Sí, Nelson. Me daba mucha alegría compartir con nuestros amigos. Podemos hacerlo todavía hoy, recordando aquella época tan bonita.

Abuelo Nelson: Sí, creo que los llamaré pronto, para conversar acerca de nuestras costumbres y de las muchas veces que salíamos a practicar deportes.

Abuela Josefina: Podemos reunirnos de nuevo con ellos. Tengo muchísimas ganas de hablar con mis amigas y compartir de nuevo muchas recetas. Hoy en día se preparan unos postres fabulosos, incluso con frutas.

Abuelo Nelson: Ay, Josefina. No cambias. Siempre pensando en la cocina.

Abuela Josefina: Pero, ¿qué puedo hacer? Me encanta cocinar, ahora para mis lindos nietos. Es el momento de ver cómo ellos disfrutan de mis postres jugando con sus amiguitos.

Abuelo Nelson: Sí, todos somos felices con algo.

Abuela Josefina: Sí, Nelson.

Translation:

Teresa's grandparents were talking while they were watching a very interesting television program. The grandfather is called Nelson and the grandmother Josefina.

Grandpa Nelson: Hey, Josefina. I remember the time when we were very young and we would visit our friends to watch movies together. You liked to make different appetizers and you wouldn't leave the kitchen all morning.

Grandma Josefina: Yes, Nelson. It gave me great joy to share that with our friends. We can still do it today, remembering that beautiful time.

Grandpa Nelson: Yes, I think I'll call them soon to talk about our old hobbies and the many times we went out to play sports.

Grandma Josefina: We can meet with them again. I really want to talk to my friends and share many recipes again. Today, some fabulous desserts are prepared, even with fruit.

Grandfather Nelson: Oh, Josefina. You do not change. Always thinking about the kitchen.

Grandmother Josefina: But what can I do? I love to cook now for my cute grandchildren. It's time to see how they enjoy my desserts, playing with their little friends.

Grandpa Nelson: Yes, we are all happy with something.

Grandma Josefina: Yes, Nelson.

Simple Future

The future simple is used in Spanish to express ideas that will be carried out in the future. These ideas are often understood in a formal tone of voice. Its ending is "aré", "arás", "ará", "aremos", "arán".

Let's see how to conjugate some verbs (some irregular verbs are included)

jugar / to play

Yo jugaré

Tú jugarás

Él jugará

Usted jugará

Nosotros jugaremos

Nosotras jugaremos

Ustedes jugarán

Ellos jugarán

Ellas jugarán

venir / to come

Yo vendré

Tú vendrás

Él vendrá

Ella vendrá

Usted vendrá

Nosotros vendremos

Nosotras vendremos

Ustedes vendrán

Ellos vendrán

Ellas vendrán

cantar / to sing

Yo cantaré

Tú cantarás

Él cantará

Ella cantará

Usted cantará

Nosotros cantaremos

Nosotras cantaremos

Ellos cantarán

Ellas cantarán

Ustedes cantarán

limpiar / to clean

Yo limpiaré

Tú limpiarás

Él limpiará

Ella limpiará

Usted limpiará

Nosotros limpiaremos

Nosotras limpiaremos

Ustedes limpiarán

cocinar / to cook

Yo cocinaré

Tú cocinarás

Él cocinará

Ella cocinará

Usted cocinará

Nosotros cocinaremos

Nosotras cocinaremos

Ustedes cocinarán

Ellos cocinarán

Ellas cocinarán

escribir / to write

Yo escribiré

Tú escribirás

Él escribirá

Usted escribirá

Nosotros escribiremos

Nosotras escribiremos
Ustedes escribirán
Ellos escribirán
Ellas escribirán

comprar / to buy
Yo compraré
Tú comprarás
Él comprará
Ella comprará
Usted comprará
Nosotros compraremos
Nosotras compraremos
Ustedes comprarán
Ellos comprarán
Ellas comprarán

estudiar / to study
Yo estudiaré
Tú estudiarás
Él estudiará
Ella estudiará
Usted estudiará
Nosotros estudiaremos
Nosotras estudiaremos

Ustedes estudiarán
Ellos estudiarán
Ellas estudiarán

disfrutar / to enjoy
Yo disfrutaré
Tú disfrutarás
Él disfrutará
Ella disfrutará
Usted disfrutará
Nosotros disfrutaremos
Nosotras disfrutaremos
Ellos disfrutarán
Ellas disfrutarán
Ustedes disfrutarán

arreglar / to fix
Yo arreglaré
Tú arreglarás
Él arreglará
Ella arreglará
Usted arreglará
Nosotros arreglaremos
Nosotras arreglaremos
Ustedes arreglarán

Ellos arreglarán

Ellas arreglarán

decorar / to decorate

Yo decoraré

Tú decorarás

Él decorará

Ella decorará

Usted decorará

Nosotros decoraremos

Nosotras decoraremos

Ellos decorarán

Ellas decorarán

Ustedes decorarán

ver / to see

Yo veré

Tú verás

Él verá

Ella verá

Usted verá

Nosotros veremos

Nosotras veremos

Ustedes verán

Ellos verán

Ellas verán

nadar / to swim

Yo nadaré

Tú nadarás

Él nadará

Ella nadará

Usted nadará

Nosotros nadaremos

Nosotras nadaremos

Ustedes nadarán

Ellos nadarán

Ellas nadarán

desayunar / to have breakfast

Yo desayunaré

Tú desayunarás

Él desayunará

Ella desayunará

Usted desayunará

Nosotros desayunaremos

Nosotras desayunaremos

Ustedes desayunarán

Ellos desayunarán

Ellas desayunarán

. . .

almorzar / to have lunch

Yo almorzaré

Tú almorzarás

Él almorzará

Ella almorzará

Usted almorzará

Nosotros almorzaremos

Nosotras almorzaremos

Ustedes almorzarán

Ellos almorzarán

Ellas almorzarán

cenar / to have dinner

Yo cenaré

Tú cenarás

Él cenará

Ella cenará

Usted cenará

Nosotros cenaremos

Nosotras cenaremos

Ustedes cenarán

Ellos cenarán

Ellas cenarán

. . .

comer / to eat

    Yo comeré

    Tú comerás

    Él comerá

    Ella comerá

    Usted comerá

    Nosotros comeremos

    Nosotras comeremos

viajar / to travel

    Yo viajaré

    Tú viajarás

    Él viajará

    Ella viajará

    Usted viajará

    Nosotros viajaremos

    Nosotras viajaremos

    Ustedes viajarán

    Ellos viajarán

    Ellas viajarán

disfrutar / to enjoy

    Yo disfrutaré

    Tú disfrutarás

Él disfrutará

Ella disfrutará

Usted disfrutará

Nosotros disfrutaremos

Nosotras disfrutaremos

Ellos disfrutarán

Ellas disfrutarán

enseñar / to teach

Yo enseñaré

Tú enseñarás

Él enseñará

Ella enseñará

Usted enseñará

Nosotros enseñaremos

Nosotras enseñaremos

Ustedes enseñarán

Ellos enseñarán

Ellas enseñarán

aprender / to learn

Yo aprenderé

Tú aprenderás

Él aprenderá

Ella aprenderá

Usted aprenderá

Nosotros aprenderemos

Nosotras aprenderemos

Ustedes aprenderán

Ellos aprenderán

Ellas aprenderán

esperar / to wait

Yo esperaré

Tú esperarás

Él esperará

Ella esperará

Usted esperará

Nosotros esperaremos

Ustedes esperarán

Ellos esperarán

Ellas esperarán

insistir / to insist

Yo insistiré

Tú insistirás

Él insistirá

Ella insistirá

Usted insistirá

Nosotros insistiremos

Nosotras insistiremos
Ustedes insistirán
Ellos insistirán
Ellas insistirán

pagar / to pay
Yo pagaré
Tú pagarás
Él pagará
Ella pagará
Usted pagará
Nosotros pagaremos
Nosotras pagaremos
Ustedes pagarán
Ellos pagarán
Ellas pagarán

recibir / to receive
Yo recibiré
Tú recibirás
Él recibirá
Ella recibirá
Usted recibirá
Nosotros recibiremos
Nosotras recibiremos

Ustedes recibirán

Ellos recibirán

Ellas recibirán

respetar / to respect

Yo respetaré

Tú respetarás

Él respetará

Ella respetará

Usted respetará

Nosotros respetaremos

Nosotras respetaremos

Ustedes respetarán

Ellos respetarán

Ellas respetarán

reaccionar / to react

Yo reaccionaré

Tú reaccionarás

Él reaccionará

Ella reaccionará

Usted reaccionará

Nosotros reaccionaremos

Nosotras reaccionaremos

Ustedes reaccionarán

Ellos reaccionarán
Ellas reaccionarán

Practice. Choose some of the verbs above and make five affirmative and five negative sentences.

_____
_____
_____
_____
_____
_____
_____
_____
_____
_____

Practice. Underline the verbs in future in the following affirmative and negative sentences.

Rosa vendrá mañana. / Rosa will come tomorrow.
Joel no estudiará la lección. / Joel won't study the lesson.
Laura almorzará temprano en el restaurant. / Laura will have an early lunch at the restaurant.

Daniela no estudiará con sus amigas. / Daniela will not study with her friends.

Lisa tendrá nuevos amigos en su escuela. / Lisa will have new friends at her school.

Benjamín no tomará el nuevo curso. / Benjamin will not take the new course.

Gabriel y sus amigos disfrutarán el paseo. / Gabriel and his friends will enjoy the ride.

Beatriz no irá al parque con su familia. / Beatriz will not go to the park with her family.

Nancy vendrá a la fiesta de Gabriela. / Nancy will come to Gabriela's party.

Lilian se inscribirá pronto en la universidad. / Lilian will be enrolling in college soon.

Carlos y sus padres bailarán en la celebración. / Carlos and his parents will dance at the celebration.

¡Hoy lloverá! / Today it will rain!

A partir de mañana tendremos nuevos profesores. / Starting tomorrow we will have new teachers.

Todos serán felices en la feria de la ciudad. / Everyone will be happy at the city fair.

Viviana celebrará su cumpleaños la próxima semana. / Viviana will celebrate her birthday next week.

Todos saben que Luis cumplirá sus sueños. / Everyone knows that Luis will fulfill his dreams.

Manuel no llegará a la competencia. / Manuel will not reach the competition.

Carlos y Pedro caminarán mucho en la avenida. / Carlos and Pedro will walk a lot on the avenue.

Benjamín pintará la casa de Eleonora. / Benjamin will paint Eleonora's house.

Diana limpiará el piso de la casa de su mamá. / Diana will clean the floor of her mother's house.

Víctor cocinará platos muy deliciosos. / Victor will cook very delicious dishes.

Delia y Luisa no estudiarán juntos el próximo año. / Delia and Luisa will not study together next year.

Daniel tendrá mucho éxito en sus estudios. / Daniel will be very successful in his studies.

Adrián no comprará los libros. / Adrián won't buy the books.

Todos asistiremos a la charla en la biblioteca. / We will all attend the talk in the library.

Practice. Read the story. Underline the verbs conjugated in future tense.

Nelly y Simón están en un viaje de la universidad. Entre tantas conversaciones, intercambian ideas de sus planes a futuro, luego de graduarse.

Nelly: Simón, ¿qué harás después de graduarte en la universidad?

Simón: Oh, Nelly. Bueno, tengo muchos planes a futuro. Principalmente, creo que seguiré estudiando posgrados.

Nelly: ¿Posgrados? ¿en qué áreas?

Simón: No sé aún, porque me gusta mucho estudiar, así que estudiaré muchos posgrados relacionados con mi carrera ¿Y tú?, ¿qué harás?

Nelly: Yo me iré a vivir a otros países trabajando mucho con todo lo que aprendí en la universidad. Me gusta mucho viajar.

Simón: Ya veo, Nelly. Tus planes son excelentes también.

Nelly: Sí, otros de mis planes son ayudar a muchas personas con mi trabajo. Me gusta mucho ayudar a los niños.

Simón: Yo esperaré muchos años para trabajar. Estudiaré mucho antes.

Nelly: Te felicito Simón.

Simón: Gracias, Nelly.

Let's Practice -Vamos a Practicar

According to the previous explanation, of how to change the verbs in the future, make the changes to the following verbs.

Sample:

caminar caminaré

estudiar

jugar

terminar

buscar

ayudar

continuar

vivir

Let's Practice -Vamos a Practicar

Select 10 verbs from the previous lessons and change them to the future tense.

* * *

* * *

* * *

* * *

* * *

* * *

* * *

* * *

* * *

* * *

Business Phrases

Practice. Read the story.

Liliana trabaja mucho en la oficina de sus hermanos, quienes son grandes ejecutivos, siempre muy interesados en aportar nuevas ideas a sus clientes y así realizar cambios positivos en sus trabajos. A Liliana le gusta mucho la contabilidad, la gerencia, la administración y todo lo relacionado con el ámbito ejecutivo. Todos los días llega de primera a la oficina, se prepara una bebida caliente y comienza a crear planes con el fin de mostrárselos a sus hermanos. Otra áreas en las que Liliana se enfoca mucho son la informática y la computación.

En la oficina, Liliana encuentra muchas tareas por hacer a diario; consulta con sus compañeros de trabajo acerca de la promoción de los trabajos ya realizados y completa portafolios de gran valor.

El internet ayuda mucho a Liliana; tiene muchos comentarios un su blog acerca de cómo llegar a ser exitoso en los proyectos.

Todas las tardes, diferentes clientes le consultan a Liliana acerca del alcance de sus proyectos, así como por asesoría empresarial.

Translation

Liliana works a lot in her brothers' office, who are great

executives. They are always very interested in bringing new ideas to their clients and thus making positive changes to their jobs. Liliana is very fond of accounting, management, administration, and everything related to the executive sphere. Every day she comes to the office first, makes herself a hot drink, and begins to create plans to show off to her siblings. Other areas that Liliana focuses a lot on are computers and computing.

At the office, Liliana finds many tasks to do on a daily basis. She consults with her co-workers about promoting work already done and complete valuable portfolios.

The internet helps Liliana a lot. She has many comments on his blog about how to become successful in projects.

Every afternoon, different clients consult Liliana about the scope of her projects, as well as for business advice.

Let's Practice -Vamos a Practicar

Underline the words related with business.

Choose all the words related with business and make new sentences with them.

Practice. Answer the questions. Yes/No answers in Spanish.

¿Te gusta trabajar en oficinas? / Do you like working in offices?

¿Te gusta alguna área empresarial de las antes mencionadas? / Do you like any of the business sectors mentioned above?

Let's Practice -Vamos a Practicar
Study the phrases related to business.

¡Comencemos el proyecto! / Let's start the project!
Mañana es la reunión de negocios. / Tomorrow is the business meeting.
Pronto iremos a la conferencia. / Soon we will go to the conference.
Vamos a planificar juntos. / Let's plan together.
Revisa este plan de mercadeo. / Review this marketing plan.
Quiero leer los libros contables. / I want to read the accounting books.
¿Conoces las fases de los procesos administrativos? / Do you know the phases of the administrative processes?
A todos en la oficina les gusta trabajar en la gerencia. / Everyone in the office likes to work in management.
Mi tío es un buen gerente. / My uncle is a good manager.
Revisemos el organigrama de la empresa. / Let's review the organization chart of the company.
Bruno es un buen contador. / Bruno is a good accountant.
Carlos y Susana estudian mercadeo en la universidad. / Carlos and Susana study marketing at university.

Los estudiantes realizan investigaciones de mercado / Students conduct market research

Las estadísticas muestran un gran avance en el proyecto. / Statistics show great progress in the project.

Nuestra oficina es muy grande, por eso estoy contento. / Our office is very big, that's why I'm happy.

Somos unos ejecutivos exitosos. / We are successful executives.

¡Trata de llegar a tiempo a la conferencia! / Try to be on time for the conference!

Es necesario realizar esta reunión. / It is necessary to hold this meeting.

Spanish for Beginners

Conjugation of Verbs Ending in "Ar"

Buscar (To Look For)

Present	Past	Imperfect	Future
Buscar (To Look For)			
Yo Busco	Busqué	Buscaba	Buscaré
Tú Buscas	Buscaste	Buscabas	Buscarás
El Busca	Buscó	Buscaba	Buscará
Ella Busca	Buscó	Buscaba	Buscará
Usted Busca	Buscó	Buscaba	Buscará
Nosotros Buscamos	Buscamos	Buscábamos	Buscaremos
Nosotras Buscamos	Buscamos	Buscábamos	Buscaremos
Ustedes Buscan	Buscaron	Buscaban	Buscarán
Ellos Buscan	Buscaron	Buscaban	Buscarán
Ellas Buscan	Buscaron	Buscaban	Buscarán

Nadar (To Swim)

Nadar (To Swim)			
Yo Nado	Nadé	Nadaba	Nadaré
Tú Nadas	Nadaste	Nadaba	Nadará
Él Nada	Nadó	Nadaba	Nadará
Ella Nada	Nadó	Nadaba	Nadará
Usted Nada	Nadó	Nadaba	Nadará
Nosotros	Nadan	Nadaban	Nadarán
Nosotras	Nadamos	Nadábamos	Nadaremos
Ustedes Nadan	Nadaron	Nadaban	Nadarán
Ellos Nadan	Nadaron	Nadaban	Nadarán
Ellas Nadan	Nadaron	Nadaban	Nadarán

Llamar (To Call)

Llamar (To Call)			
Yo Llamo	Llamé	Llamaba	Llamaré
Tú Llamas	Llamaste	Llamabas	Llamarás
Él Llama	Llamó	Llamaba	Llamará
Ella Llama	Llamó	Llamaba	Llamará
Usted Llama	Llamó	Llamaba	Llamará
Nosotros Llamamos	Llamamos	Llamábamos	Llamaremos
Nosotras Llamamos	Llamamos	Llamábamos	Llamaremos
Ustedes Llaman	Llamamos	Llamaban	Llamarán
Ellos Llaman	Llamaron	Llamaban	Llamarán
Ellas Llaman	Llamaron	Llamaban	Llamarán

Preguntar (To Ask)

Preguntar (To Ask)			
Yo Pregunto	Pregunté	Preguntaba	Preguntaré
Tú Preguntas	Preguntaste	Preguntabas	Preguntarás
Él Pregunta	Preguntó	Preguntaba	Preguntará
Ella Pregunta	Preguntó	Preguntaba	Preguntará
Usted Pregunta	Preguntó	Preguntaba	Preguntará
Nosotros Preguntamos	Preguntamos	Preguntábamos	Preguntaremos
Nosotras Preguntamos	Preguntamos	Preguntábamos	Preguntaremos
Ustedes Preguntan	Preguntaron	Preguntaban	Preguntarán
Ellos Preguntan	Preguntaron	Preguntaban	Preguntarán
Ellas Preguntan	Preguntaron	Preguntaban	Preguntarán

Practicar (To Practice)

Practicar (To Practice)			
Yo Practico	Practiqué	Practicaba	Practicaré
Tú Practicas	Practicaste	Practicabas	Practicarás
Él Practica	Practicó	Practicaba	Practicará
Ella Practica	Practicó	Practicaba	Practicará
Usted Practica	Practicó	Practicaba	Practicará
Nosotros Practicamos	Practicamos	Practicábamos	Practicaremos
Nosotras Practicamos	Practicamos	Practicábamos	Practicaremos
Ustedes Practican	Practicaron	Practicaban	Practicarán
Ellos Practican	Practicaron	Practicaban	Practicarán
Ellas Practican	Practicaron	Practicaban	Practicarán

Viajar (To Travel)

Viajar (To Travel)			
Yo Viajo	Viajé	Viajaba	Viajaré
Tú Viajas	Viajaste	Viajabas	Viajarás
Él Viaja	Viajó	Viajaba	Viajará
Ella Viaja	Viajó	Viajaba	Viajará
Usted Viaja	Viajó	Viajaba	Viajará
Nosotros Viajamos	Viajamos	Viajábamos	Viajaremos
Nosotras Viajamos	Viajamos	Viajábamos	Viajaremos
Ustedes Viajan	Viajaron	Viajaban	Viajarán
Ellos Viajan	Viajaron	Viajaban	Viajarán
Ellas Viajan	Viajaron	Viajaban	Viajarán

Usar (To Use)

Usar (To Use)			
Yo Uso	Usé	Usaba	Usaré
Tú Usas	Usaste	Usaba	Usarás
Él Usa	Usó	Usaba	Usará
Ella Usa	Usó	Usaba	Usará
Usted Usa	Usó	Usaba	Usará
Nosotros Usamos	Usamos	Usábamos	Usaremos
Nosotras Usamos	Usamos	Usábamos	Usaremos
Ustedes Usan	Usaron	Usaban	Usarán
Ellos Usan	Usaron	Usaban	Usarán
Ellas Usan	Usaron	Usaban	Usarán

Regresar (To Come Back)

Regresar (To Come Back)			
Yo Regreso	Regresé	Regresaba	Regresaré
Tú Regresas	Regresaste	Regresabas	Regresarás
Él Regresa	Regresó	Regresaba	Regresará
Ella Regresa	Regresó	Regresaba	Regresará
Usted Regresa	Regresó	Regresaba	Regresará
Ellos Regresan	Regresaron	Regresaban	Regresarán
Ellas Regresan	Regresaron	Regresaban	Regresarán
Nosotros Regresamos	Regresamos	Regresábamos	Regresaremos
Nosotras Regresamos	Regresamos	Regresábamos	Regresaremos
Ustedes Regresan	Regresaron	Regresaban	Regresarán

Trabajar (To Work)

Trabajar (To Work)			
Yo Trabajo	Trabajé	Trabajaba	Trabajaré
Tú Trabajas	Trabajaste	Trabajabas	Trabajarás
Él Trabaja	Trabajó	Trabajaba	Trabajará
Ella Trabaja	Trabajó	Trabajaba	Trabajará
Usted Trabaja	Trabajó	Trabajaba	Trabajará
Nosotros Trabajamos	Trabajamos	Trabajábamos	Trabajaremos
Nosotras Trabajamos	Trabajamos	Trabajábamos	Trabajaremos
Ustedes Trabajan	Trabajan	Trabajaron	Trabajarán
Ellos Trabajan	Trabajan	Trabajaron	Trabajarán
Ellas Trabajan	Trabajan	Trabajaron	Trabajarán

Felicitar (To Congratulate)

Felicitar (To Congratulate)			
Yo Felicito	Felicité	Felicitaba	Felicitaré
Tú Felicitas	Felicitaste	Felicitabas	Felicitaré
El Felicita	Felicitó	Felicitaba	Felicitará
Ella Felicita	Felicitó	Felicitaba	Felicitará
Usted Felicita	Felicitó	Felicitaba	Felicitará
Nosotros Felicitamos	Felicitamos	Felicitábamos	Felicitaremos
Nosotras Felicitamos	Felicitamos	Felicitábamos	Felicitaremos
Ustedes Felicitan	Felicitaron	Felicitaban	Felicitarán
Ellos Felicitan	Felicitaron	Felicitaban	Felicitarán
Ellas Felicitan	Felicitaron	Felicitaban	Felicitarán

Aumentar (To Increase)

Aumentar (To Increase)			
Yo Aumento	Aumenté	Aumentaba	Aumentaré
Tú Aumentas	Aumentaste	Aumentabas	Aumentarás
El Aumenta	Aumentó	Aumentaba	Aumentará
Ella Aumenta	Aumentó	Aumentaba	Aumentará
Usted Aumenta	Aumentó	Aumentaba	Aumentará
Nosotros Aumentamos	Aumentamos	Aumentaba	Aumentaremos
Nosotras Aumentamos	Aumentamos	Aumentaba	Aumentaremos
Ustedes Aumentan	Aumentaron	Aumentaban	Aumentarán
Ellos Aumentan	Aumentaron	Aumentaban	Aumentarán
Ellas Aumentan	Aumentaron	Aumentaban	Aumentarán

Jugar (To Play)

Jugar (To Play)			
Yo Juego	Jugué	Jugaba	Jugarán
Tú Juegas	Jugaste	Jugabas	Jugarás
Él Juega	Jugó	Jugaba	Jugará
Ella Juega	Jugó	Jugaba	Jugará
Usted Juega	Jugó	Jugaba	Jugará
Nosotros Jugamos	Jugamos	Jugábamos	Jugaremos
Nosotras Jugamos	Jugamos	Jugábamos	Jugaremos
Ustedes Juegan	Jugaron	Jugaban	Jugarán
Ellos Juegan	Jugaron	Jugaban	Jugarán
Ellas Juegan	Jugaron	Jugaban	Jugarán

Fernando Salcedo

Conjugation of Verbs Ending in "Er"

Comer (To Eat)

Comer (To Eat)			
Yo Como	Comí	Comía	Comeré
Tú Comes	Comiste	Comías	Comerás
El Come	Comió	Comía	Comerá
Ella Come	Comió	Comía	Comerá
Usted Come	Comió	Comía	Comerá
Nosotros Comemos	Comimos	Comíamos	Comeremos
Nosotras Comemos	Comimos	Comíamos	Comeremos
Ustedes Comen	Comieron	Comían	Comerán
Ellos Comen	Comieron	Comían	Comerán
Ellas Comen	Comieron	Comían	Comerán

Responder (To Answer)

Responder (To Answer)			
Yo Respondo	Respondí	Respondía	Responderé
Tú Respondes	Respondiste	Respondías	Responderás
Él Responde	Respondió	Respondía	Responderá
Ella Responde	Respondió	Respondía	Responderá
Usted Responde	Respondió	Respondía	Responderá
Nosotros Respondemos	Respondimos	Respondíamos	Responderán
Nosotras Respondemos	Respondimos	Respondíamos	Responderemos
Ustedes Responden	Respondieron	Respondían	Responderán
Ellos Responden	Respondieron	Respondían	Responderán
Ellas Responden	Respondieron	Respondían	Responderán

Creer (To Believe)

Creer (To Believe)			
Yo Creo	Creí	Creía	Creeré
Tú Crees	Creíste	Creías	Creerás
Él Cree	Creyó	Creía	Creerá
Ella Cree	Creyó	Creía	Creerá
Usted Cree	Creyó	Creía	Creerá
Nosotros Creemos	Creímos	Creíamos	Creeremos
Nosotras Creemos	Creímos	Creíamos	Creeremos
Ustedes Creen	Creyeron	Creían	Creerán
Ellos Creen	Creyeron	Creían	Creerán
Ellas Creen	Creyeron	Creían	Creerán

Conocer (To Know, To Meet)

Conocer (To Know, To Meet)			
Yo Conozco	Conocí	Conocían	Conocerán
Tú Conoces	Conociste	Conocías	Conocerás
Él Conoce	Conoció	Conocía	Conocerá
Ella Conoce	Conoció	Conocía	Conocerá
Usted Conoce	Conoció	Conocía	Conocerá
Nosotros Conocemos	Conocimos	Conocía	Conoceremos
Nosotras Conocemos	Conocimos	Conocíamos	Conoceremos
Ustedes Conocen	Conocieron	Conocían	Conocerán
Ellos Conocen	Conocieron	Conocían	Conocerán
Ellas Conocen	Conocieron	Conocían	Conocerán

Obedecer (To Obey)

Obedecer (To Obey)			
Yo Obedezco	Obedecí	Obedecía	Obedeceré
Tú Obedeces	Obedeciste	Obedecías	Obedecerás
Él Obedece	Obedeció	Obedecía	Obedecerá
Ella Obedece	Obedeció	Obedecía	Obedeceré
Usted Obedece	Obedeció	Obedecía	Obedeceré
Nosotros Obedecemos	Obedecimos	Obedecíamos	Obedeceremos
Nosotras Obedecemos	Obedecimos	Obedecíamos	Obedeceremos
Ustedes Obedecen	Obedecimos	Obedecíamos	Obedeceremos
Ellos Obedecen	Obedecimos	Obedecíamos	Obedeceremos
Ellas Obedecen	Obedecimos	Obedecíamos	Obedeceremos

Crecer (To Grow)

Crecer (To Grow)			
Yo Crezco	Crecí	Crecía	Creceré
Tú Creces	Creciste	Crecías	Crecerás
Él Crece	Creció	Crecía	Crecerá
Ella Crece	Creció	Crecía	Crecerá
Usted Crece	Creció	Crecía	Crecerá
Nosotros Crecemos	Crecieron	Crecían	Crecerán
Nosotras Crecemos	Crecimos	Crecíamos	Creceremos
Ustedes Crecen	Crecieron	Crecían	Crecerán
Ellos Crecen	Crecieron	Crecían	Crecerán
Ellas Crecen	Crecieron	Crecían	Crecerán

Merecer (To Deserve)

Merecer (To Deserve)			
Yo Merezco	Merecí	Merecía	Mereceré
Tú Mereces	Mereciste	Merecía	Merecerás
Él Merece	Mereció	Merecía	Merecerá
Ella Merece	Mereció	Merecía	Merecerá
Usted Merece	Mereció	Merecía	Merecerá
Nosotros Merecemos	Merecimos	Merecíamos	Mereceremos
Nosotras Merecemos	Merecimos	Merecíamos	Mereceremos
Ustedes Merecen	Merecieron	Merecían	Merecerán
Ellos Merecen	Merecieron	Merecían	Merecerán
Ellas Merecen	Merecieron	Merecían	Merecerán

Ver (To See)

Ver (To See)			
Yo Veo	Ví	Veía	Veré
Tú Ves	Viste	Veías	Veás
El Ve	Vió	Veía	Verá
Ella Ve	Vió	Veía	Verá
Usted Ve	Vió	Veía	Verá
Nosotros Vemos	Vimos	Veíamos	Veremos
Nosotras Vemos	Vimos	Veíamos	Veremos
Ustedes Ven	Vieron	Veían	Verán
Ellos Ven	Vieron	Veían	Verán
Ellas Ven	Vieron	Veían	Verán

Saber (To Know)

Saber (To Know)			
Yo Sé	Supe	Sabían	Sabrán
Tú Sabes	Supiste	Sabías	Sabrás
El Sabe	Supo	Sabía	Sabrá
Ella Sabe	Supo	Sabía	Sabrá
Usted Sabe	Supo	Sabía	Sabrá
Nosotros Sabemos	Supimos	Sabíamos	Sabremos
Nosotras Sabemos	Supimos	Sabíamos	Sabremos
Ustedes Saben	Supimos	Sabíamos	Sabremos
Ellos Saben	Supieron	Sabían	Sabrán
Ellas Saben	Supieron	Sabían	Sabrán

Spanish for Beginners

Reconocer (To Acknowledge)

Reconocer (To Acknowledge)			
Yo Reconozco	Reconocí	Reconocía	Reconocerás
Tú Reconoces	Reconociste	Reconocías	Reconocerás
Él Reconoce	Reconoció	Reconocía	Reconocerás
Ella Reconoce	Reconoció	Reconocía	Reconocerá
Usted Reconoce	Reconoció	Reconocía	Reconocerá
Nosotros Reconocemos	Reconocimos	Reconocíamos	Reconoceremos
Nosotras Reconocemos	Reconocimos	Reconocíamos	Reconoceremos
Ustedes Reconocen	Reconocieron	Reconocían	Reconocerán
Ellos Reconocen	Reconocieron	Reconocían	Reconocerán
Ellas Reconocen	Reconocieron	Reconocían	Reconocerán

Traer (To Bring)

Traer (To Bring)			
Yo Traigo	Traje	Traía	Traeré
Tú Traes	Trajiste	Traías	Traerás
Él Trae	Trajo	Traía	Traerá
Ella Trae	Trajo	Traía	Traerá
Usted Trae	Trajo	Traía	Traerá
Nosotros Traemos	Trajimos	Traíamos	Traeremos
Nosotras Traemos	Trajimos	Traíamos	Traeremos
Ustedes Traen	Trajeron	Traían	Traerán
Ellos Traen	Trajeron	Traían	Traerán
Ellas Traen	Trajeron	Traían	Traerán

Fernando Salcedo

Poder (To Be Able)

Poder (To Be Able)			
Yo Puedo	Pude	Podría	Podré
Tú Puedes	Pudiste	Podrías	Podrás
Él Puede	Pudo	Podría	Podrá
Ella Puede	Pudo	Podría	Podrá
Usted Puede	Pudo	Podría	Podrá
Nosotros Podemos	Pudimos	Podríamos	Podremos
Nosotras Podemos	Pudimos	Podríamos	Podremos
Ustedes Pueden	Pudieron	Podrían	Podrán
Ellos Pueden	Pudieron	Podrían	Podrán
Ellas Pueden	Pudieron	Podrían	Podrán

Verbos Regulares E Irregulares Terminados En "Ir"

Imprimir (To Print)

Imprimir (To Print)			
Yo Imprimo	Imprimí	Imprimían	Imprimirá
Tú Imprimes	Imprimiste	Imprimían	Imprimirás
Él Imprime	Imprimió	Imprimía	Imprimirá
Ella Imprime	Imprimió	Imprimía	Imprimirá
Usted Imprime	Imprimió	Imprimía	Imprimirá
Nosotros Imprimimos	Imprimimos	Imprimíamos	Imprimiríamos
Nosotras Imprimimos	Imprimimos	Imprimíamos	Imprimiríamos
Ellos Imprimen	Imprimieron	Imprimían	Imprimirían
Ellas Imprimen	Imprimieron	Imprimían	Imprimirían

Fernando Salcedo

Salir (To Leave)

Salir (To Leave)			
Yo Salgo	Saliste	Salía	Saldremos
Tú Sales	Salió	Salías	Saldrás
Él Sale	Salió	Salía	Saldrá
Ella Sale	Salió	Salía	Saldrá
Usted Sale	Salió	Salía	Saldrá
Nosotros Salimos	Salimos	Salíamos	Saldremos
Nosotras Salimos	Salimos	Salíamos	Saldremos
Ustedes Salen	Salen	Salían	Saldrán
Ellos Salen	Salen	Salían	Saldrán
Ellas Salen	Salen	Salían	Saldrán

Concluir (To Conclude)

Concluir (To Conclude)			
Yo Concluyo	Concluí	Concluía	Concluiré
Tú Concluyes	Concluiste	Concluías	Concluirás
Él Concluye	Concluyó	Concluía	Concluirá
Ella Concluye	Concluyó	Concluía	Concluirá
Usted Concluye	Concluyó	Concluía	Concluirá
Nosotros Concluimos	Concluimos	Concluíamos	Concluiremos
Nosotras Concluimos	Concluimos	Concluíamos	Concluiremos
Ellos Concluyen	Concluyen	Concluían	Concluirán
Ellas Concluyen	Concluyen	Concluían	Concluirán

Construir (To Build)

Construir (To Build)			
Yo Construyo	Construí	Construía	Construiré
Tú Construyes	Construiste	Construías	Construirás
Él Construye	Construyó	Construía	Construirá
Ella Construye	Construyó	Construía	Construirá
Usted Construye	Construyó	Construía	Construirá
Nosotros Construimos	Construimos	Construíamos	Construiremos
Nosotras Construimos	Construimos	Construíamos	Construiremos
Ustedes Constuyen	Construyeron	Construían	Construirán
Ellos Construyen	Construyeron	Construían	Construirán
Ellas Construyen	Construyeron	Construían	Construirán

Pulir (To Polish)

Pulir (To Polish)			
Yo Pulo	Pulí	Pulían	Puliré
Tú Pules	Puliste	Pulías	Pulirás
Él Pule	Pulió	Pulía	Pulirá
Ella Pule	Pulió	Pulía	Pulirá
Usted Pule	Pulió	Pulía	Pulirá
Nosotros Pulimos	Pulimos	Pulíamos	Puliremos
Nosotras Pulimos	Pulimos	Pulíamos	Puliremos
Ustedes Pulen	Pulieron	Pulían	Pulirán
Ellos Pulen	Pulieron	Pulían	Pulirán
Ellas Pulen	Pulieron	Pulían	Pulirán

Dirigir (To Lead)

Dirigir (To Lead)			
Yo Dirijo	Dirigí	Dirigía	Dirigiré
Tú Diriges	Dirigiste	Dirigías	Dirigirás
Él Dirige	Dirigió	Dirigía	Dirigirá
Ella Dirige	Dirigió	Dirigía	Dirigirá
Usted Dirige	Dirigió	Dirigía	Dirigirá
Nosotros Dirigimos	Dirigimos	Dirigíamos	Dirigiremos
Nosotras Dirigimos	Dirigimos	Dirigíamos	Dirigiremos
Ustedes Dirigen	Dirigieron	Dirigían	Dirigirán
Ellos Dirigen	Dirigieron	Dirigían	Dirigirán
Ellas Dirigen	Dirigieron	Dirigían	Dirigirán

Vivir (To Live)

Vivir (To Live)			
Yo Vivo	Viví	Vivían	Viviré
Tú Vives	Viviste	Vivías	Vivirás
Él Vive	Vivió	Vivía	Vivirá
Ella Vive	Vivió	Vivía	Vivirá
Usted Vive	Vivió	Vivía	Vivirá
Nosotros Vivimos	Vivimos	Vivíamos	Viviremos
Nosotras Vivimos	Vivimos	Vivíamos	Viviremos
Ustedes Viven	Vivieron	Vivían	Vivirán
Ellos Viven	Vivieron	Vivían	Vivirán
Ellas Viven	Vivieron	Vivían	Vivirán

Escribir (To Write)

Escribir (To Write)			
Yo Escribo	Escribí	Escribía	Escribiré
Tú Escribes	Escribiste	Escribías	Escribirás
Él Escribe	Escribió	Escribía	Escribirá
Ella Escribe	Escribió	Escribía	Escribirá
Usted Escribe	Escribió	Escribía	Escribirá
Nosotros Escribimos	Escribimos	Escribíamos	Escribiremos
Nosotras Escribimos	Escribimos	Escribíamos	Escribiremos
Ustedes Escriben	Escribieron	Escribían	Escribirán
Ellos Escriben	Escribieron	Escribían	Escribirán
Ellas Escriben	Scribieron	Escribían	Escribirán

Sugerir (To Suggest)

Sugerir (To Suggest)			
Yo Sugiero	Sugerí	Sugería	Sugeriré
Tú Sugieres	Sugeriste	Sugerías	Sugerirás
Él Sugiere	Sugirió	Sugería	Sugerirá
Ella Sugiere	Sugirió	Sugería	Sugerirá
Usted Sugiere	Sugirió	Sugería	Sugerirá
Nosotros Sugerimos	Sugerimos	Sugeríamos	Sugeriremos
Nosotras Sugerimos	Sugerimos	Sugeríamos	Sugeriremos
Ustedes Sugieren	Sugirieron	Sugerían	Sugerirán
Ellos Sugieren	Sugirieron	Sugerían	Sugerirán
Ellas Sugieren	Sugirieron	Sugerían	Sugerirán

Sonreir (To Smile)

Sonreir (To Smile)			
Yo Sonrío	Sonreí	Sonreía	Sonreiré
Tú Sonríes	Sonreiste	Sonreías	Sonreirás
Él Sonríe	Sonrió	Sonreía	Sonreirá
Ella Sonríe	Sonrió	Sonreía	Sonreirá
Usted Sonríe	Sonrió	Sonreía	Sonreirá
Nosotros Sonreimos	Sonreímos	Sonreíamos	Sonreiremos
Nosotras Sonreimos	Sonreímos	Sonreíamos	Sonreiremos
Ustedes Sonríen	Sonrieron	Sonreían	Sonreirán
Ellos Sonríen	Sonrieron	Sonreían	Sonreirán
Ellas Sonríen	Sonrieron	Sonreían	Sonreirán

Admitir (To Admite)

Admitir (To Admite)			
Yo Admito	Admítiste	Admitían	Admitiré
Tú Admites	Admitió	Admitían	Admitirás
Él Admite	Admitió	Admitía	Admitirá
Ella Admite	Admitió	Admitía	Admitirá
Usted Admite	Admitió	Admitía	Admitirá
Nosotros Admitimos	Admitimos	Admitíamos	Admitiremos
Nosotras Admitimos	Admitimos	Admitíamos	Admitiremos
Ustedes Admiten	Admitieron	Admitían	Admitirán
Ellos Admiten	Admitieron	Admitían	Admitirán
Ellas Admiten	Admitieron	Admitían	Admitirán

Afterword

And now you've reached the end of this quick, for beginners, educational book. We really hope this books acts as your starting point for a fruitful and exciting Spanish learning experience. The one thing we want to leave you with, and we'll keep this short and sweet, is that no matter how hard this gets, don't give up.

Learning languages can be difficult, complicated, and sometimes even frustrating. Stick with it. The more you practice, the harder you work, the more you will master the language. And the real payoff will come when you find yourself in a situation where you need what you've learned and can navigate through it all seamlessly...or at least well enough to impress.

So, good luck, and happy learning!

Fernando Salcedo